世界哲學家叢書

狄　德　羅

李　鳳　鳴　著

2000

東 大 圖 書 公 司 印 行

國家圖書館出版品預行編目資料

狄德羅 / 李鳳鳴著. -- 初版. -- 臺北市：東
　大,民89
　　面；　公分. --（世界哲學家叢書）
參考書目：面
ISBN　957-19-2307-9(精裝)
ISBN　957-19-2308-7(平裝)

1. 狄德羅(Diderot, Denis, 1713-1784) - 學術
　思想 -哲學

146.49　　　　　　　　　　　　　88013977

網際網路位址　http://www.sanmin.com.tw

ⓒ 狄 德 羅

著作人　李鳳鳴
發行人　劉仲文
產著作財權人　東大圖書股份有限公司
　　　　臺北市復興北路三八六號
發行所　東大圖書股份有限公司
　　　　地址／臺北市復興北路三八六號
　　　　電話／二五○○六六○○
　　　　郵撥／○一○七一七五──○號
印刷所　東大圖書股份有限公司
總經銷　三民書局股份有限公司
門市部　復北店／臺北市復興北路三八六號
　　　　重南店／臺北市重慶南路一段六十一號
初版　中華民國八十九年一月
編號　E 14106
基本定價　參元
行政院新聞局登記證局版臺業字第○一九七號

ISBN 957-19-2308-7 (平裝)

「世界哲學家叢書」總序

　　本叢書的出版計畫原先出於三民書局董事長劉振強先生多年來的構想，曾先向政通提出，並希望我們兩人共同負責主編工作。一九八四年二月底，偉勳應邀訪問香港中文大學哲學系，三月中旬順道來臺，即與政通拜訪劉先生，在三民書局二樓辦公室商談有關叢書出版的初步計畫。我們十分贊同劉先生的構想，認為此套叢書（預計百冊以上）如能順利完成，當是學術文化出版事業的一大創舉與突破，也就當場答應劉先生的誠懇邀請，共同擔任叢書主編。兩人私下也為叢書的計畫討論多次，擬定了「撰稿細則」，以求各書可循的統一規格，尤其在內容上特別要求各書必須包括（1）原哲學思想家的生平；（2）時代背景與社會環境；（3）思想傳承與改造；（4）思想特徵及其獨創性；（5）歷史地位；（6）對後世的影響（包括歷代對他的評價），以及（7）思想的現代意義。

　　作為叢書主編，我們都了解到，以目前極有限的財源、人力與時間，要去完成多達三、四百冊的大規模而齊全的叢書，根本是不可能的事。光就人力一點來說，少數教授學者由於個人的某些困難（如筆債太多之類），不克參加；因此我們曾對較有餘力的簽約作者，暗示過繼續邀請他們多撰一兩本書的可能性。遺憾的是，此刻在政治上整個中國仍然處於「一分為二」的艱苦狀態，加上馬列教

條的種種限制，我們不可能邀請大陸學者參與撰寫工作。不過到目前為止，我們已經獲得八十位以上海內外的學者精英全力支持，包括臺灣、香港、新加坡、澳洲、美國、西德與加拿大七個地區；難得的是，更包括了日本與大韓民國好多位名流學者加入叢書作者的陣容，增加不少叢書的國際光彩。韓國的國際退溪學會也在定期月刊《退溪學界消息》鄭重推薦叢書兩次，我們藉此機會表示謝意。

原則上，本叢書應該包括古今中外所有著名的哲學思想家，但是除了財源問題之外也有人才不足的實際困難。就西方哲學來說，一大半作者的專長與興趣都集中在現代哲學部門，反映著我們在近代哲學的專門人才不太充足。再就東方哲學而言，印度哲學部門很難找到適當的專家與作者；至於貫穿整個亞洲思想文化的佛教部門，在中、韓兩國的佛教思想家方面雖有十位左右的作者參加，日本佛教與印度佛教方面卻仍近乎空白。人才與作者最多的是在儒家思想家這個部門，包括中、韓、日三國的儒學發展在內，最能令人滿意。總之，我們尋找叢書作者所遭遇到的這些困難，對於我們有一學術研究的重要啟示（或不如說是警號）：我們在印度思想、日本佛教以及西方哲學方面至今仍無高度的研究成果，我們必須早日設法彌補這些方面的人才缺失，以便提高我們的學術水平。相比之下，鄰邦日本一百多年來已造就了東西方哲學幾乎每一部門的專家學者，足資借鏡，有待我們迎頭趕上。

以儒、道、佛三家為主的中國哲學，可以說是傳統中國思想與文化的本有根基，有待我們經過一番批判的繼承與創造的發展，重新提高它在世界哲學應有的地位。為了解決此一時代課題，我們實有必要重新比較中國哲學與（包括西方與日、韓、印等東方國家在內的）外國哲學的優劣長短，從中設法開闢一條合乎未來中國所需

求的哲學理路。我們衷心盼望，本叢書將有助於讀者對此時代課題的深切關注與反思，且有助於中外哲學之間更進一步的交流與會通。

最後，我們應該強調，中國目前雖仍處於「一分為二」的政治局面，但是海峽兩岸的每一知識分子都應具有「文化中國」的共識共認，為了祖國傳統思想與文化的繼往開來承擔一分責任，這也是我們主編「世界哲學家叢書」的一大旨趣。

傅偉勳　韋政通
一九八六年五月四日

自　序

　　法國唯物主義哲學不是一個思辨的體系，也不是由一兩位哲學家系統完成的。它是一種社會哲學，是作為十八世紀法國啟蒙運動的理論基礎，隨著啟蒙運動的展開分階段逐步確立起來的。唯其是一種社會哲學，它所涉及的領域，除傳統哲學關注的所謂形而上學的問題之外，還包括大量的對社會現實問題的研究，既有對當時仍然支配著法國人精神世界的天主教神學的批判，也包括為追求民主、自由、平等而與封建專制主義的鬥爭；唯其隨著啟蒙運動的展開而發展，它在表現形式上就不是單一的而是變化的，不同時期有不同的形態。根據這樣的分析，我認為十八世紀法國唯物主義哲學有兩個來源，有兩種表現形態。兩個來源是指十八世紀法國唯物主義繼承了笛卡爾哲學的合理因素和洛克唯物主義經驗論的基本精神。兩種表現形態是說啟蒙運動前半期，法國唯物主義哲學表現為自然神論形態；十八世紀中葉以後，隨著啟蒙運動高潮的到來，法國唯物主義哲學也由自然神論發展為無神論。這樣，連同啟蒙運動醞釀階段，法國唯物主義哲學可以分為由梅里葉代表的發軔期、由伏爾泰代表的自然神論期和由狄德羅代表的無神論期三個階段。三個階段各有特點，分別對梅里葉、伏爾泰和狄德羅進行研究，就可以既有廣度又有深度地完整地表達法國唯物主義哲學的基本面貌。

2・狄德羅

隨著拙作《狄德羅》的完成，連同「世界哲學家叢書」已收入的《伏爾泰》和《梅里葉》兩本書，多年來我所設想的通過介紹這三位哲學家來認識一個哲學體系的計畫算是大體實現。

李鳳鳴
一九九八年十二月於北京中國社會科學院

狄德羅

目　次

第一章 哲學家的生平和著作

一、狄德羅生活的時代

　　德尼·狄德羅(Denis Diderot)生於1713年。當他十七歲的時候，十八世紀法國最早的一位唯物主義哲學家讓·梅里葉(Jean Meslier, 1664–1729)的《遺書》開始以手抄本的形式在法國進步知識界祕密流傳；四年以後，當狄德羅二十一歲時，十八世紀法國啟蒙運動的領袖和導師伏爾泰(Voltaire, 1694–1778)的第一部理論著作《哲學通信》在法國祕密出版發行。在此之前，伏爾泰早已因創作悲劇《俄狄浦斯王》(1718)和史詩《亨利亞特》(1723)而獲得「法蘭西優秀詩人」桂冠，並因反封建的言行被兩次投入巴士底獄和被迫流亡英國(1726–1729)。與伏爾泰在法國文壇嶄露頭角和取得輝煌成就的同時，甚至還要更早一點，另一位啟蒙大師孟德斯鳩(Montesquieu, 1689–1755)也以《波斯人信札》和《羅馬盛衰原因論》等論著在巴黎知識界聲譽鵲起。這就是說，狄德羅生逢其時，當他血氣方剛邁入社會之初，一股進步思潮正在法國洶湧而起，彪炳史冊的十八世紀法國啟蒙運動開始了。正是在這一場偉大思想革命中，狄德羅成長為十八世紀法國最重要的哲學家之一和著名的啟

蒙學者。

　　十八世紀法國啟蒙運動是法國資產階級發動和領導的一次波瀾壯闊的反封建思想解放運動。它幾乎延續了整整一個世紀，湧現出一大批啟蒙思想家，創造了法國歷史上一個光輝燦爛的時代。在法文裡，「啟蒙時代」(Siècle de lumière)原意就是光明的時代。lumière一詞既有「光明」、「陽光」的意思，也指「偉人」、「傑出的人物」，它的複數則表示「智慧」、「知識」。這樣一個含義豐富的詞彙十分貼切地體現出啟蒙運動的基本內容：「光明」是對黑暗而言的：啟蒙思想家們推崇理性，憧憬建立「理性的王國」，他們把封建專制制度比作漫漫長夜，呼喚用理性的陽光驅逐現時的黑暗，消滅專制主義、封建特權和社會不平等現象，實現政治民主、權利平等和個人自由。「知識」是愚昧的對立面：啟蒙思想家們倡導科學和文化，在唯物論哲學思想指導下，廣泛吸收自然科學所取得的最新成果，闡發自然神論或公開的無神論世界觀，向以羅馬天主教會為首的宗教反動勢力勇猛進攻，反對神權統治，反對宗教迷誤，批判信仰主義和蒙昧主義，把打碎天主教加諸法國社會的精神枷鎖作為推翻封建專制統治的前提。同時，與這種繁重的反封建歷史任務相適應，啟蒙思想家們本身都是一些思想敏銳、學識淵博和富於犧牲精神的「偉人」和「傑出人物」。他們雖然受時代局限，存在各式各樣的缺點錯誤，彼此之間也常鬧些矛盾甚至相互激烈指責，但是在向封建頑固勢力發動攻擊這一共同事業上，他們卻都表現了當仁不讓、奮勇爭先的英雄氣概。追求正義、嚮往光明的精神，洋溢在他們不朽著作的字裡行間。

　　十八世紀法國啟蒙運動猶如一首氣勢磅礴的歷史交響樂，自始至終交織著兩個主題：民主和科學，深刻地反映了十八世紀法國以

資產階級為首的第三等級廣大群眾反對封建秩序的時代精神，不僅為法國大革命作了充分準備，而且在世界近代史上產生了廣泛而深遠的影響，具有重大歷史意義。

十八世紀法國啟蒙運動作為一場思想文化運動，有其深刻的社會經濟和政治根源，有其產生和發展的歷史必然性。在諸多社會歷史因素之中，法國封建專制制度出現危機，是爆發這場思想鬥爭的首要原因。

法國是一個古老的封建國家，封建統治根深蒂固。早在西元五世紀末墨洛溫王朝時期，封建制度便在法國初步建立起來。到了十世紀加貝王朝，已經發展和確立了一整套嚴格的封建等級制度和王權機構。十六世紀以後，法國出現了資本主義萌芽，國王取得一部分貴族和市民階級的支持，反對封建割據，實行高度的中央集權，法國社會進入封建君主專制時期。十七世紀後半葉「太陽王」路易十四(Louis XIV, 1638–1715)執政之時，法國空前強盛，稱霸歐洲，封建專制制度發展到頂峰。然而也正是在這種表面強盛之下，法國的社會矛盾日益激化，封建制度開始沒落，進入十八世紀以後，更面臨經濟、政治和思想領域的全面危機。

在十七、十八世紀的法國，農業是封建經濟的基礎，土地是國家收入的主要來源，封建貴族曾長期牢牢控制著這一經濟命脈。但是路易十四以來，法國的封建經濟開始瓦解，逐漸形成嚴重的經濟危機。經濟危機首先表現為農村普遍凋敝。十八世紀的法國農村，土地占有極不平等。全國土地三分之二被少數貴族和僧侶占有，占全國人口絕大多數的農民只占有全部耕地的三分之一。農村大部分是所謂的「份地農民」，他們在土地和司法關係上依附封建領主，一些地區甚至還存在更為落後的農奴制。封建領主對農民的盤剝極

為殘酷，有的地方地租實行「對分制」，攫取農民每年收入的一半。再加上教會和王朝政府勒索的什一稅、人丁稅和其他苛捐雜稅的沈重負擔，逼迫農民在死亡線上掙扎。這種殘酷的壓榨盤剝，嚴重摧殘了農業經濟。法國農村一片衰敗景象，封建生產關係與生產力的發展發生尖銳矛盾，封建專制制度的經濟基礎遭到嚴重破壞。經濟危機還表現在王朝政府的財政破產。這是封建經濟崩潰的另一重要標誌。由於國王連年窮兵黷武和貴族縱情揮霍，法國專制政府的財政情況一直不好。路易十四好大喜功，更使得法國外強中乾，民窮財盡。西班牙王位繼承戰爭(1701–1713) 結束時，法國政府的財政赤字高達二十五億里弗，「太陽王」早已失去昔日的光輝，甚至當他逝世之時，懾於群情激憤，宮廷只得趁著月昏夜黑偷偷出殯。繼位的路易十五(Louis XV, 1710–1774)更是昏庸暴虐，他有一句傳世名言：今生盡夠享用，管他身後洪水滔天。他不但自己縱情揮霍，而且豢養四千家貴族長年居住在宮廷裡，靡費無度，入不敷出，時人稱宮廷為「國家的墳墓」。從十八世紀三〇年代到六〇年代，法國又參加了歷時多年的波蘭王位繼承戰爭、奧地利王位繼承戰爭、對英國和普魯士的七年戰爭等戰爭，耗費大量金錢和兵力，並使法國在北美和印度的殖民地都被英國攫取。巨額軍費和海外財源大大萎縮，進一步加重了財政危機。

農村普遍凋敝和政府陷入財政困境是一種併發症，它們集中反映了十八世紀法國社會險惡的經濟形勢，封建專制王朝陷入了無法擺脫的經濟危機。

法國此時的政治形勢也呈現出封建專制制度行將滅亡的景象。專制統治極為腐敗。在等級森嚴的封建社會結構中，屬於第一等級的僧侶貴族和第二等級的世俗貴族（包括佩劍貴族和長袍貴族），

頑固地抓住國家的主要權力不放，同第三等級廣大群眾處於尖銳對立之中。路易十四宣稱「朕即國家」，實行橫暴的獨裁統治。路易十五時，王權衰落，行政轄區混亂不堪，官僚機構臃腫失靈，營私舞弊盛行，貴族官僚昏庸暴虐，國王公然賣官鬻爵。為了維繫搖搖欲墜的封建政權，軍隊殘酷鎮壓此伏彼起的農民暴動和城市起義，警察的橫暴統治使全國籠罩著恐怖氣氛，而國王和他的寵姬、寵臣，更常以一札密令，就把政敵乃至私敵囚禁和處死。當然，專制王朝的血腥統治不可能鞏固封建秩序，卻進一步把法國推入政治黑暗的深淵。

在十八世紀的法國，除去封建的經濟壓榨和政治壓迫之外，天主教會的神權統治，特別是教會推行的文化專制主義和蒙昧主義，加倍製造了社會苦難，使本來就無法調和的社會矛盾更加尖銳，因此在封建文化和意識形態領域，也發生了深刻危機。

天主教是法國的國教，在法國植根極深。遠在西元二世紀基督教便傳入高盧。西元五世紀以來，它深入鄉村和城鎮，廣設教區和修道院，建立嚴密的教會組織，勢力遍及社會各領域，成為封建制度的重要組成部分。到了十六世紀，法國人加爾文(Jean Calvin, 1509-1564)，受馬丁・路德(Martin Luther, 1488-1546)宗教改革影響，在日內瓦創立新教教會，廢除主教制，代之以共和式長老制，以真正法國式的尖銳性突出了宗教改革的資產階級性質，在法國市民階層產生廣泛影響，形成胡格諾教派。經過三十六年的宗教戰爭，波旁王朝的創立者亨利四世頒佈〈南特敕令〉，有限度地承認信教自由，才使胡格諾教派暫時取得合法地位，短時間打破天主教會在法國一統天下的局面。十七世紀中葉，法國大約有一百萬胡格諾教徒，主要居住在南部、西部、巴黎和亞爾薩斯。新教在資產

階級和城市下層群眾中間很有影響，許多工業家、金融家、幫工和手工業者都是胡格諾教徒。1685年，路易十四在天主教會的唆使下，頒佈〈楓丹白露敕令〉，取消亨利四世寬容新教的〈南特敕令〉，強迫胡格諾教徒改信天主教，再次掀起迫害新教徒的狂潮。胡格諾教徒的教堂被拆毀，教士被放逐，禮拜儀式被禁止。宗教迫害迫使幾十萬新教徒逃離家園，把資本和技術帶到瑞士、德國、愛爾蘭和荷蘭，法國工業因此受到巨大損失。

但是無論宗教戰爭、〈南特敕令〉、〈楓丹白露敕令〉及其後果，都並未動搖天主教會在法國的絕對統治。在十八世紀，天主教會在法國擁有極大的政治和經濟勢力。遍佈全國的一千七百多座修道院和其他教會組織，擁有大量地產和資金，教會年收入高達三億五千萬里弗。一些大主教年俸三十萬里弗，與世俗貴族一樣過著奢侈豪華的生活。在政治上，高級僧侶身居政府要職，大權在握，更與世俗貴族結為一體。

正由於天主教會在法國具有這樣強大的勢力和巨大利益，才可能和必然實行無孔不入的神權統治。在維護封建政權上，天主教會起著特殊重要作用。它利用一切宗教手段，控制人們的思想，支配文化生活，成為專制王朝反動統治的精神支柱。王朝政府則頒佈限制言論自由的法令，嚴禁攻擊教會，違者處以極刑。教會教條同時就是政治信條，《聖經》詞句在各法庭中都有法律效力。

在法國天主教會中，「耶穌會」僧團充當了教會血腥統治的急先鋒。耶穌會在法國有星羅棋佈的據點網，不但控制官方輿論，它的一些教士還充當國王和宮廷顯貴的懺悔神父。他們手握大權，窮兇極惡地扼殺、撲滅科學與民主自由思想。他們的行動信條是：為了教會的榮譽，一切手段都是好的。1759年，耶穌會為了「紀

念」查禁《百科全書》，居然專門鑄造了一塊紀念牌，上刻十字架踩躪地球儀和科學書籍的圖樣，並題詞：被踩躪的無神論者的虛偽和智慧。由此可見天主教會的思想統治和文化專制主義達到了多麼狂妄的程度。

然而在科學方興未艾，民主思想四處傳播的十八世紀，天主教會的倒行逆施只能進一步激起進步人士的強烈反對，從而使專制王朝在思想文化領域也陷入了尖銳鬥爭和深刻危機，而且這方面的危機是促使啟蒙運動蓬勃發展的直接原因。

與法國封建制度出現全面危機恰成鮮明對照，法國的資本主義在十八世紀得到迅速發展，資產階級日益壯大，新的生產力和在法國城鄉到處出現的新的生產關係要求突破封建上層建築的束縛，歷史的進程把法國資產階級推向反封建鬥爭的社會舞臺。路易十四推行重商主義，鼓勵發展工商業，支持文化藝術活動，目的是增強專制王朝的經濟實力，加強王權，鞏固中央集權的封建專制制度，客觀上為資本主義工商業的發展創造了條件。到了十八世紀，資產階級羽毛逐漸豐滿，與封建統治的矛盾也日益尖銳。富有的資產者不再甘心僅僅充當納稅人以供養高踞於社會之上的宮廷顯貴和貴族僧侶的角色。封建社會固有的農民與封建主的矛盾和鬥爭在十八世紀的法國早已極端尖銳，法國資產階級的日益革命化，更給這種傳統的社會矛盾注入了全新的因素。資產階級開始成為第三等級廣大群眾反對封建統治的領導者，使這種傳統的鬥爭發生了質的飛躍。舊式的農民反對地主貴族的沒有出路的鬥爭，此時變為以資產階級為首的第三等級人民大眾反對封建主義、創造新世界的自覺運動。第三等級各階層群眾革命力量的壯大既是封建專制王朝爆發全面危機的產物，又為啟蒙運動和爾後的社會革命提供了堅實的階級基礎。

　　具體來說，進入十八世紀，法國成為歐洲除英國以外工商業最發達的國家。法國的城市已有發達的工場手工業，大規模生產提上日程。例如里昂的絲織工人已有六萬五千餘人，亞爾薩斯等地的冶金業也有了相當規模。資本主義農場經營開始在北部一些地區發展。封建的生產關係已經成為這種日益壯大的先進生產力的沈重桎梏。衰落的農村自然經濟，不能為資本主義工商業提供自由勞動力、充分的原料和市場，而關稅壁壘、壓制自由貿易、封建行會制度扼殺先進技術、當權者巧取豪奪利用重稅等手段剝奪資產階級的利潤和資本積累等等，已令資產階級無法忍受。資產階級已有強大實力，渴望排除進一步發展經濟的巨大障礙。他們所代表的先進生產關係已經日趨成熟和鞏固，徹底戰勝陳腐的封建生產關係並取而代之，符合社會發展的方向。特別是當封建制度發生深刻危機，專制王朝頑固維護僧侶貴族反動統治而加強鎮壓措施時，更進一步堅定了法國資產階級的革命立場。例如，在反對天主教會的教權主義問題上，法國資產階級不可能像他們的德國兄弟那樣，通過宗教改革擺脫天主教會的統治，因為法國教會與專制王朝緊密勾結，到處設立宗教裁判所，殘酷地實行宗教迫害，這種火與劍的血腥統治，使得法國新教徒胡格諾派只能逃亡國外；在參政問題上，法國資產階級也不可能像英國市民資產者那樣通過妥協與貴族分享政權。早先，他們之中一些人曾重金購買貴族頭銜，企圖憑藉金錢的力量晉身統治階層，但是路易十四宣佈，凡是花錢買來的貴族稱號一律作廢，即使是在司法界有一定勢力的「長袍貴族」，也難以忝列世家貴族行列，從而完全堵死了資產階級的晉身之路。法國資產階級只能同封建貴族徹底決裂，尋求農民和其他勞動群眾的支持，動員整個第三等級的力量同封建勢力對抗，用非宗教的、不妥協的、純粹

政治的形式爭得自己的地位。這樣，作為歐洲近代史上最大的一次資產階級反封建政治鬥爭的先導，十八世紀法國啟蒙運動便應運而生了。

如前所述，十八世紀法國啟蒙運動以高揚民主與科學精神著稱於世。「民主」自然指的是反對封建專制主義，追求人的解放，爭取平等、自由、財產和各項政治權利。各位啟蒙大師，通過他們各自的理論和學說，從不同角度和各個側面，描述了、論證了通達民主的途徑、方式和理想，無論是「君主立憲」、「社會契約」，還是「三權分立」、「人民主權」，諸般學說議論，無不浸透對民主的渴望。「科學」既是對偏執迷信而言，以之與教會神學和宗教狂熱對抗，又是倡導科學的精神和方法，以理性為旗幟，探索自然的奧祕，宣傳教育的功效，期待科學研究在各個領域的突破與發展，追尋精神文明大步前進。

然而啟蒙運動本身即是近代科學發展的產物。啟蒙思想家們的熱切追求，正有著深厚的科學背景。

歐洲隨著中世紀的結束、封建生產方式走向沒落和新的資本主義關係的產生，社會經濟生活為自然科學的發展提供了強大動力。傳統的自然經濟極少依賴科學進步，新的資本主義生產方式卻需要能盡力發掘自然能力的科學和技術。正像封建專制制度在政治和經濟領域與資產階級發展生產力的要求發生衝突一樣，作為封建專制制度精神支柱的天主教會及其宗教神學，也與適應生產力發展需要而誕生的近代科學處於對抗之中。中世紀以來天主教會迫使科學充當神學的奴婢，把科學禁錮於神學體系之中。1543年哥白尼(Copernicus, 1473–1543)發表《天體運行論》一書，提出太陽中心說，推翻被天主教會奉為正統的托勒密地球中心說，向神學發出了

挑戰書，從此自然科學日新月異，飛奔向前。

在十七世紀的歐洲，以英國為中心，基礎科學和應用科學迅速發展，取得出色成果，並且卓有成效地應用於航海技術和工業生產，顯示了強大生命力。各地陸續建立各種科學社團，科學研究日益活躍。英國於1660年成立皇家學會，並且取得重大科學研究成果，在歐洲享有盛譽。路易十四為與英國爭雄，也於1666年建立法蘭西科學院，重金聘請意大利、荷蘭、丹麥等國科學家到法國工作。路易十四還於1661年下令修建天文臺，於1669年責成多米尼克・卡西尼和皮爾卡從事實地劃定子午線等宏偉工作。在英法兩國帶動下，後來普魯士和俄國也分別建立了柏林科學院和俄羅斯科學院。科學工作不再是分散的個人活動，而成為有組織的事業和力量。歐洲進入十八世紀前後，自然科學更有重大發展，直接影響了啟蒙運動的產生和進程。

概述十八世紀自然科學狀況，可以看到如下兩個特點:

第一個特點是，數學和力學得到較為完善的發展，實現了科學上的第一次大綜合。

數學和力學是文藝復興以來發展的最基本的自然科學學科。在十七世紀，隨著對數、解析幾何和微積分的建立，數學方法不斷完善。同時，由於不斷改進觀察和實驗手段，重視量的分析，力學的發展日趨精密化，逐漸形成統一完整的力學體系。開普勒(Kepler, 1571–1630)根據精確測算，發現了行星運動的三大規律，指出行星運動的軌道是橢圓形而不是正圓形，太陽則處在橢圓的焦點上，從而對哥白尼體系作了重要修正。伽利略(Galile, 1564–1642)用望遠鏡開擴了人類的宇宙視野，並且發現了物體下落定律、慣性定律、拋物體運動定律等重要的力學規律。笛卡爾(Descartes, 1596–

1650) 深入研究了動力學，作出了對物質的廣延、動量、質量、時間、空間等基本力學範疇的科學闡述，並且提出了動量守恆假說，宣稱：給我運動和廣延，我就能構造出世界。他的天體旋渦運動的假說，雖然缺乏科學的論證，卻是希圖把天體運動歸結為受統一的力學規律支配的勇敢嘗試。然而，以上這些成就，都還是孤立的、分散的、零散的。對所有數學和力學成果進行科學上的首次大綜合，把地球上的物體和天體聯結起來，根據物質的普遍運動規律進行精確概括，確立完整的力學體系，這一艱鉅科學課題，終於由生活於十七、十八世紀之交的英國偉大科學家牛頓完成。

　　牛頓(Newton, 1643–1727)是經典物理學的奠基人。英國資產階級革命成功後的社會環境，為他從事科學活動提供了良好條件。他在數學和物理學領域進行深入的創造性研究，取得了輝煌成就。這些成就，集中體現在他1687年出版的《自然哲學的數學原理》一書中。牛頓概括出三條動力學基本定律，即慣性定律、加速度定律和作用與反作用力相等定律，提出萬有引力學說，證明了無論地球上的物體還是天體，都服從普遍一致的運動規律。牛頓用嚴密的數學方法，精確地描述了整個宇宙體系按照嚴格的自然規律構造和運動的和諧圖景。錯綜複雜、神祕遙遠的天體運動現象，全都可以科學地理解和預測。就連過去認為神祕莫測、象徵災異的彗星，也可以描繪出它的運動軌跡。牛頓確立的經典物理學，使得人們可以比較科學地認識物質世界的統一性和物質運動的普遍規律，在科學和哲學上都具有重大意義。但是牛頓學說也有缺陷。首先是它的形而上學局限性。牛頓解釋的絕對空間、絕對時間，是與物質運動割裂的，他不瞭解時間空間不過是物質運動的存在方式，時空與物質不可分離；他只從機械運動的角度，把宇宙解釋成為一部碩大無比

的機器，開天闢地以來就是如此，沒有演化的歷史，不瞭解除機械
運動之外，物質還有其他運動形式，而且後來的科學發現證明宇宙
處於永恆的發展、變化、運動之中；他認為物質運動的原因來自外
力，要靠神的「第一推動力」來敲響「宇宙的時鐘」，並且要靠神
經常對天體作些調整，來解釋當時還不能科學地予以說明的土星、
木星運動不甚規則的現象。儘管如此，牛頓學說是科學上的一次重
大革命，它支持、推動物理學發展達二百年之久。正是牛頓，在十
八世紀培育了法國啟蒙思想，成為法國唯物主義哲學的科學基礎。
牛頓的學說是對宗教神學的沈重打擊。

　　許多法國啟蒙思想家都是牛頓學說的忠實信徒和熱情傳播者。
伏爾泰首開其端。他在十八世紀三〇年代分別出版的《哲學通信》
和《牛頓哲學原理》兩部著作中熱情地介紹牛頓，對在法國思想界
和科學界傳播牛頓學說產生巨大影響。牛頓學說以其嚴謹、精確的
科學性征服了法國的進步知識分子。例如，牛頓認為地球赤道處的
引力比兩極附近的引力小，因此地球的形狀不是正圓形，而是一個
扁平的球，在南北兩極較平，在赤道凸出來。這一見解，在法國科
學院引起激烈爭論。啟蒙學者、科學家莫柏都依(Maupertuis,
1693–1759)原先懷疑牛頓的說法，為弄清地球的真實面貌，以便
準確測定經度，莫柏都依等人組織了遠征隊，分別赴拉普蘭和祕魯
測量當地一度經線的弧長，結果證明牛頓的見解是正確的。莫柏都
依從此成為牛頓學說的熱心倡導者。狄德羅、霍爾巴赫(d'Hol-
bach, 1723–1789)等人，都致力於傳播牛頓學說，並從唯物主義無
神論角度進行總結和哲學概括，使之成為同宗教神學作戰的犀利武
器。

　　牛頓學說不僅以其科學性啟迪人的心智，以其精確性戳穿宗教

神學的荒誕體系，從而為法國啟蒙學者提供了與天主教會和群眾性的宗教迷信鬥爭的利劍，使啟蒙學說具有堅實的科學基礎，而且它本身也在啟蒙運動中得到完善和發展，從而增強了十八世紀的法國人對牛頓的服膺和對科學的信賴。在啟蒙精神薰陶下成長起來的法國科學家歐勒(Euler, 1707–1783)、拉格朗日(Lagrange, 1736–1813)，以及拉普拉斯(Laplace, 1749–1827) 等人，都對發展牛頓學說做出重要貢獻。例如拉普拉斯1770年以後仔細研究天體結構，證明太陽系是一個完善的可自行調節的天體系統，所謂土星和木星運行軌道不規則變動，原來只是它們的引力相互作用的結果，並不需要牛頓請上帝作局部調整。拉普拉斯還提出了著名的太陽系星雲起源的假說，提出天體並非亙古以來永存不變，而有其自身演化的歷史。據說拿破崙(Napoléon, 1769–1821) 曾問拉普拉斯，他在自己《宇宙體系論》這部著作中，為什麼不提上帝是宇宙的創造者，拉普拉斯直率回答說：我不需要那個「假設」。

十八世紀自然科學發展的第二個特點，是此時除數學和力學得到比較充分的發展以外，其他各門科學處在搜集、整理材料階段，開始形成獨立的學科，取得了不同程度的進展，自然科學開始出現全面發展的趨勢。

化學已經從煉金術中解脫出來。十八世紀上半葉，化學家之間還盛行燃素說，到了下半葉，法國的拉瓦錫(Lavoisier, 1743–1794)發現了空氣中的氧，奠定了實驗化學的基礎。地質說處於礦物調查階段。探險航行和地形勘察結合，形成了系統的地理學。哈維(Harvey, 1578–1657) 最終證實了血液循環學說，推動了生理解剖研究。在搜集、整理材料方面，生物學進展較快。瑞典植物分類學家林耐(Linnaeus, 1707–1778)運用人為分類方法，詳細確定了一萬

八千種植物。但是他宣傳物種不變理論,與牛頓一起成為十八世紀形而上學自然觀的代表。法國啟蒙學者、生物學家布封(Buffon, 1707-1788)不同意林耐的分類法和物種不變論,在1749年出版的巨著《自然史》中,提出自然分類法,運用比較解剖學的方法研究生物之間的親緣關係,指出生物有演化的歷史,生物界是一根由演化相連續的鏈條。布封顯然已為十九世紀的達爾文(Darwin, 1809-1882)進化論作了準備。

在數學和力學比較完備,其他學科也開始形成或有重大進展的狀況下,十八世紀的科學家和哲學家試圖揭示各門具體科學之間的相互聯繫,形成關於自然的統一知識體系。生物學家布封提出自然界是統一的。哲學家狄德羅認為自然界中一切事物都以不被覺察的差異而彼此連續。他們編撰《百科全書》,就是試圖建立一切科學和一切技術的譜系,體現組成自然界的那些事物或遠或近的聯繫,把以往的科學成果作為相互聯繫的統一整體,作為「人類知識之樹」表現出來。然而由於在十八世紀,自然科學的各個學科大多尚未充分發展,它們之間的內在聯繫還只是初見端倪,所以十八世紀的科學家和哲學家還未能掌握自然界各種運動形態之間的辯證關係。他們理解的「知識之樹」,他們構造的自然知識體系,還帶有較大的主觀性和虛構成分。他們看到了各門科學的聯繫,卻還不瞭解它們之間怎樣聯繫,所以只能把它們簡單地並列起來,只能採取百科全書的形式。

這就是十八世紀法國啟蒙運動產生和發展的科學背景。這就是法國啟蒙思想萌發、生長的自然科學土壤。這一背景和生長土壤,深刻影響了啟蒙思想的內涵。

科學促使法國啟蒙運動洋溢著崇尚理性、確信社會進步的樂觀

主義精神。傑出的科學成果及其廣泛應用，推動著生產技術的進步。這使啟蒙思想家們深信，人只要從屈服於神轉而面向自然、征服自然，就能從愚昧和迷信中解放出來，獲得巨大力量，推動社會前進。科學的本質就是啟蒙，啟蒙必須依靠科學。科學能揭示自然之光，也能點燃理性之光，引導人們從黑暗走向光明。法國啟蒙思想家是科學戰士，他們大力倡導科學精神，研究自然科學，傳播科學知識，力圖以此來促進社會革新。

科學為法國啟蒙學者提供了批判宗教神學的有力武器。十七、十八世紀自然科學的長足進步，使許多神學教條不攻自破。科學使客觀世界物質統一性的本來面貌日益清晰地展現在人們面前，宗教信仰體系的荒誕不經便易於為人們認識。崇尚科學的法國啟蒙思想家運用科學的武器，批判天主教信仰主義和蒙昧主義，不僅具有摧枯拉朽的氣勢，而且得心應手，攻無不克。科學既是啟蒙思想家的追求，也是他們劈向天主教會和宗教神學的利劍。

這就是狄德羅生活於其中的法國社會和它在十八世紀的時代特徵。換言之，是十八世紀的啟蒙運動造就了哲學家狄德羅，同時狄德羅又用自己的哲學和其他啟蒙活動推動啟蒙運動深入發展。

二、哲學家的出身和成長

當十八世紀中葉狄德羅事業有成，已經成為巴黎知識界的名人的時候，無論在哪個社交場合，人們只要提到「哲學家」，不必再說名字，別人就知道這是特指狄德羅，約定俗成，不會出錯，雖然那時法國哲學家同時在世的就有一二十位，而且整個世紀都被稱為哲學家世紀。

然而狄德羅是怎樣成為「哲學家」的呢？

德尼・狄德羅1713年10月5日出生於法國朗格爾市(Langres)一個殷實的製刀匠家庭。朗格爾距巴黎二百四十公里，當時以出產優質刀剪聞名遐邇。朗格爾當地有鐵礦，也有不少煉鐵爐。刀剪業早就在這個原料豐富的小城紮根，十七世紀已有製刀師傅三十人，僱傭幫工九十名。這裡的製刀行會歷史悠久，行規嚴格，每個製刀師傅都很珍惜行業榮譽和小城秩序。例如行會對所產各種刀具的質量有明確規定，禁止銷售劣質產品；禁止早晨四時前和晚上八時後工作，以保持小城安靜等等。每位製刀師傅都有自己的標誌和招牌。狄德羅一家的標誌和招牌是珍珠。這個姓氏不是貴族，不能有紋章，只能有手工行業的行業印章。狄德羅家的印章呈橢圓形，四周刻有座右銘：“ Virtus et labor patrum fasti ”（積歷代父祖之德行與辛勞），中間的圖案是兩把鐵錘交叉在鐵砧上，鐵砧的一側是一朵玫瑰花，另一側是一顆珍珠。家族印章及其座右銘反映了這個手工業之家的優良傳統：尊崇勞動、誠實做人、自尊自重。在尊卑貴賤等級觀念根深蒂固的封建制度下，一個無權無勢屬於第三等級的手工業家庭以自己的手藝和勞動為榮是可貴的，狄德羅自己就說過：「這是一個高貴世家。」事實上，狄德羅家族及其支系成員，都是普通城市平民和下層勞動者，與封建觀念中的「高貴世家」相去甚遠。除製刀師傅外，姓狄德羅的人所從事的職業還有製桶匠、開油坊的、賣鞋襪內衣的、剃頭師傅兼治跌打損傷的、配玻璃的、馬蹄匠、律師、庭丁、書商、皮匠、神父、修士、皮革工人、小工具製作匠等等。

哲學家的父親老狄德羅在朗格爾製刀師傅中很有威望。他是製造外科器械和手術刀的行家，為人嚴肅幹練，誠實公正，鄉人們常

請他調解生意上或家庭中的糾紛。哲學家的母親比父親大八歲，是鞣革匠之女，鞣革是母系的家傳手藝。不論父系還是母系，這兩個手工業家族中都出了不少神職人員，作神父似乎也像學手藝一樣是家族傳統。哲學家的舅父就是朗格爾教堂的議事司鐸。

朗格爾的生活平靜而保守，傳統似乎已把一切凝固。這裡甚至沒有一個胡格諾（新教）教徒，天主教的修道院、神學院和教堂卻一應俱全。它的居民忠於國王和上帝。天主教朗格爾城教務會以其資歷、會員的聲望、巨大的特權和優厚的俸祿成為法國最有名望的宗教團體之一。該會擁有五十二名會員，其中八名為專職俸祿領取者，俸祿來源主要為土地、森林和葡萄園。每個教士的年收入約在一千五百到二千五百里弗之間。教務會還擁有三十八幢房屋供會員作住宅，狄德羅的舅父就占用著其中的一所住宅和領取高額俸祿。

少年狄德羅就是生活在朗格爾小城這樣的社會環境和製刀師傅這樣的家庭傳統中，他未來的生活似乎早已注定，不是做工匠，就是當教士。事實上在舅父的建議下，老狄德羅夫婦已經決定讓兒子作議事司鐸的接班人。為此，先送小狄德羅進朗格爾免費的耶穌會學校接受啟蒙教育。狄德羅努力學習，很快成為拉丁文和數學的高材生。1726年8月22日，未滿十三歲的狄德羅由朗格爾主教主持儀式並親手為他剃度入教。經過剃度就是出家了，從此別人開始把這個毛頭小伙子稱為神父。根據當時的法律一到啟蒙年齡即可剃度，1698年朗格爾主教還特別規定十二歲為剃度年齡，所以狄德羅不到十三歲當了神父並不奇怪，特別是他是議事司鐸的外甥，又是出名的優秀學生，立志從事聖職順理成章。剃度後除須穿戴教士衣帽和星期天教堂舉行大彌撒時充當合唱隊員以外，小狄德羅的日常生活並無大的變化，繼續在耶穌會學校讀書。

1728年4月28日狄德羅的舅父病逝，父母和舅舅為狄德羅設計的前途發生逆轉。由於教會內部的傾軋，教務會不接受舅舅關於把議事司鐸的頭銜、俸祿和住房贈讓給狄德羅的遺囑，雖然按照當時當地的習慣，剃度兩年、已經十五歲的狄德羅有資格獲得這一聖職。當司鐸的希望落空，狄德羅想作個耶穌會修士，立志苦修，禁美食、穿苦衣、睡稻草，表明至少在離開故鄉前，他的宗教信念仍然十分堅固。應該說朗格爾教務會犯了一個絕大錯誤，如果當時允許狄德羅繼承舅舅的聖職，他也許就此平庸地在朗格爾了此一生，而不會二十年後變成教會頑敵。現在沿著教階制擢升的階梯斷裂，像他這樣天資聰慧、意志堅強的人是不可能真正安心當個苦行僧的，少年氣盛的狄德羅不久就會遠走高飛。

狄德羅決心到巴黎深造，老狄德羅親自把兒子送到巴黎大路易中學就讀（亦有到阿爾古公學或路德維克大公學院讀書的說法）。大路易中學是耶穌會辦的著名學校，笛卡爾等法國許多名人出身於這座學府，在狄德羅到來之前，它已培養出了伏爾泰。狄德羅在大路易中學學習邏輯學、物理學、倫理學、數學、哲學和神學，埋頭攻讀亞里士多德（Aristoteles, 前384–前322）和聖托馬斯‧阿奎那（Thomas Aquines, 1227–1274）。1732年9月狄德羅成為巴黎大學文科碩士。

結束了學生生活，青年狄德羅因擇業問題與父親發生分歧。老狄德羅希望兒子成為律師或檢察官，特意把兒子送到在巴黎開業的一個老朋友的律師事務所學習訴訟。狄德羅著迷於數學和文學，對法律和訴訟毫無興趣，勉強在律師事務所捱了兩年以後，他終於宣佈不願再學訴訟業務。狄德羅的愛好和性格不能適應父親的要求，老狄德羅也不能理解兒子不願從事這種「高尚職業」的心情，兩人

各執己見，互不相讓，父親憤然斷絕對兒子的供給，狄德羅開始了在巴黎的十年流浪生涯。

真是無獨有偶。伏爾泰在大路易中學畢業後也是不願遵照父命學法律、在律師事務所蹉跎兩年後成了一個無業文人，現在狄德羅又步其後塵。

有了自由，狄德羅貪婪地鑽研他感興趣的各種學問。同時為了維持生存，他做過各種工作，當家庭教師、為出版商翻譯《希臘史》、《醫學通用辭典》等大部頭書籍和其他外文作品，甚至替傳教士寫佈道詞等等。寫一篇佈道詞獲酬金五十埃居，夠狄德羅省吃儉用維持一個月。1741年狄德羅結識了一個加工花邊和內衣的縫紉女工安多瓦奈特・尚皮昂(A. Chonpion)，1743年他們結婚，第二年有了一個女兒昂熱麗克(Angélique)。妻子比他大三歲，雖然長得美麗，人也勤勞，只是在才智和情趣上與狄德羅很不般配，婚後生活並不美滿。狄德羅沒有可靠收入，有了家庭生活負擔更加沈重。

謀生的需要和鑽研學問的狂熱，使狄德羅在離開大路易中學以後十幾年時間裡成長為知識淵博、思想深邃的著名學者。他刻苦讀書勤勉工作，不但精通希臘文、拉丁文、意大利文和英文，而且熟悉數學和其他自然科學，喜愛培根(F. Bacon, 1561-1626)和霍布斯(Hobbes, 1588-1679)的著作，衣袋裡總是裝著荷馬 (Homeros, 約前九至前八世紀) 和維吉爾 (Vergilius, 前70-前19) 的作品，能夠流暢背誦他們的詩篇。狄德羅精力旺盛，思想敏銳，談鋒犀利，熱情洋溢，先後與伏爾泰和盧梭(Rousseau, 1712-1778)、霍爾巴赫、愛爾維修(Helvetius,1715-1771)等人建立起深厚的友誼。他深入社會，深入生活，進出劇院，落坐沙龍，出言直率，落拓不羈，

是聞名的巴黎名士。

狄德羅一生最壯麗的事業無疑是主編《百科全書》。他披肝瀝膽二十餘載，歷盡艱辛，義無反顧，終於建成這座歷史豐碑。為了敘述的方便，我們把有關《百科全書》的問題集中起來留待下文一併討論，這裡先談作為哲學家的狄德羅的哲學道路和哲學成就。

狄德羅雖然出身於朗格爾天主教神權統治仍然十分鞏固的環境，少年時代接受了傳統的宗教教育，甚至經過剃度立志為僧，但是巴黎知識界的文明新風和進步氛圍使青年狄德羅的思想迅速變化。大路易中學某些教師的自然神論傾向影響過伏爾泰，也同樣影響了狄德羅。同時狄德羅酷愛數學和其他自然科學，十八世紀日新月異的自然科學成果不斷撞擊基督教信仰體系，科學逼迫神學節節敗退，在理性日益受到崇敬的時代，狄德羅早年的信仰必然動搖。特別是離開大路易中學以後十年之間在巴黎的闖蕩生活，使他深入觀察和體驗了在專制王權和教權主義壓迫下封建制度的黑暗和不公正，宗教許諾的天國虛無縹緲，地獄般的苦難卻就在眼前。這期間狄德羅偶然買到一本伏爾泰的《哲學通信》，啟蒙大師的點撥使他的思想豁然開朗，狄德羅成了伏爾泰的信徒。

伏爾泰的信徒就是天主教的叛徒和自然神論者。狄德羅1746年發表的《哲學思想錄》標誌他完成了這一轉變。從小神父到自然神論哲學家，狄德羅的這一轉變用了整整二十年。自然神論本來就是唯物論的一種表現形態，是哲學擺脫神學的一種方便形式，是隱蔽的無神論。像狄德羅這種積極進取、襟懷坦蕩的性格，他不可能滿足於自然神論虛擬一個上帝的認識水平，1747年他發表《懷疑論者的漫步》，對所謂的宇宙設計師提出疑問，表明他開始突破自然神論的假設。兩年以後，狄德羅匿名發表《論盲人書簡》（全名

《供明眼人參考的談盲人的信》，1749）一書，表明他徹底否定了上帝的存在，而成為無神論哲學家。《論盲人書簡》本是一部有關心理學和認識論的著作，論述人的感覺器官不同，觀念也就不一樣，盲人就沒有上帝的概念。

狄德羅《論盲人書簡》公然否定上帝存在，引起教會勢力的憤恨，恰巧他在書中無意間譏諷了一位當權伯爵的情婦，既違抗教義又獲罪於人，同年七月他遭到嚴厲搜查並被投入文森監獄。經過妻子和書商奔走，狄德羅被監禁三個月以後獲釋。對於性格率直急躁的狄德羅來說，囚禁三個月已是相當長的刑期。此時他已著手編輯《百科全書》，本來就時間緊迫，耽擱三個月使他頗為痛惜。文森的磨難狄德羅終生不忘，但是反動勢力的壓迫並沒有嚇倒哲學家，反而堅定了他的無神論信念。除用主要精力從事《百科全書》繁重的工作以外，他還用一系列著作回答了教會和專制政府的迫害。1752年，他發表〈普拉德長老的辯護辭〉一文，對宗教有關天啟、靈魂不死和來世賞罰的教義予以否定或提出疑問，對天主教會發出直接挑戰。1753年發表的《對自然的解釋》，更鮮明地闡述了他的唯物主義觀點。1770年狄德羅發表《哲學思想錄增補》，高舉理性大旗，有力地批駁宗教唯心論，繼續深化他的唯物論哲學。同年發表的《關於物質和運動的哲學原理》，更繼承梅里葉「物質自動」思想，從物質內部矛盾解釋物質與運動的關係，反對物質運動的外因論，不僅深入闡述了唯物論的物質論，而且將辯證法因素帶入機械唯物論哲學，對唯物主義的發展作出重大貢獻。此外，狄德羅還寫了《生理學基礎》（大部分寫於六〇年代末至七〇年代初）、《拉摩的侄兒》(1761)、《達朗貝和狄德羅的談話》(1769)、《達朗貝的夢》(1769)、《對愛爾維修「論人」一書的反駁》(1773–1774)

等著作，有的當時或數年之後發表，有的因故逝世後方才面世。通過這些著作，狄德羅不斷完善自己的哲學世界觀，不但推動了十八世紀法國唯物論的發展，而且不斷流露深刻的辯證法思想，與盧梭一道對十九世紀德國哲學產生重大影響。

狄德羅博學多才，他對十八世紀法國唯物主義的貢獻使他以「哲學家」聞名於世，其實他還是一位頗有歷史地位的美學家、戲劇家、小說家和文藝評論家。他的小說創作，除上述哲理小說《拉摩的侄兒》以外，還有《修女》和《宿命論者雅克和他的主人》。前者通過描寫一個可憐孤女在修道院裡所遭受的迫害，猛烈抨擊教會對人精神上的壓迫和摧殘；後者通過主人公雅克的生活遭遇，揭露封建社會的腐朽和黑暗。狄德羅的戲劇創作主要是1758年創作的《家長》（又譯《一家之主》）和1757年創作的《私生子》。這是狄德羅開創的所謂「市民劇」的樣品。通過這兩個劇本，狄德羅打破此前法國劇壇市民等級總是被描繪成丑角的傳統。他讓第三等級的藝術形象在舞臺上站立起來，用嚴肅的論題和道德的追求反映第三等級特別是市民資產者的理想和願望。「市民劇」突破十七世紀以來法國戲劇嚴格劃分悲劇和喜劇的古典主義成見，而以「正劇」的面貌出現，是法國劇壇的創新。上述這些小說和戲劇作品，都體現了狄德羅全新的美學思想和文藝觀點。他的美學思想是對十七世紀古典美學的否定，具有十分鮮明的唯物主義哲學導向和反封建的社會價值，具體內容留待後文詳述。

編輯《百科全書》耗損狄德羅一生最美好的中年歲月，但他仍然留下大量著作，除上述哲學論著和小說、戲劇創作外，他還為《沙龍》、《文學評論》等刊物寫了大量文藝評論，他親自為《百科全書》撰寫的辭條單獨彙編起來就有四大卷，他所寫的大量書信既

具有描繪十八世紀中葉法國社會面貌的文獻價值，又記錄了他自己
不同時期的真實思想和學術見解，而且感情真摯，文采飛揚，也是
不可多得的佳作。《狄德羅全集》有二十卷之巨，可見哲學家的勤
奮和天資是常人無法企及的。

　　狄德羅的一生豐富多彩，可記述的事件和人物紛紜繁複，他與
伏爾泰的師生情誼和學術上的不同意見，他與盧梭幾十年的誠摯友
誼和後來的決裂，他與霍爾巴赫等百科全書派哲學家親密無間的長
期合作，他與教會和王朝政府鬥智鬥勇的鏖戰，他與情人索菲・沃
朗纏綿悱惻的愛情等等，都是應該濃墨重彩敘述的內容，限於篇
幅，這裡只能割愛。本書不是狄德羅的專門傳記，簡略地向讀者介
紹他的生平只為說明狄德羅如何成為一個哲學家，我們的重點是他
的哲學思想本身，也就是要闡述狄德羅是怎樣一個哲學家。

三、主編《百科全書》

　　談到狄德羅必然聯想到他所主編的《百科全書》。各派哲學家
對他的哲學思想可能有各種評論，但是對他嘔心瀝血二十五年主編
《百科全書》的執著和毅力卻無人不予肯定和讚賞。《百科全書》
是十八世紀法國文化史的最大成果，編輯、撰寫和出版《百科全
書》是法國啟蒙運動成功的標誌，也是狄德羅個人最大的成就。本
書作者打算從緣起、策劃、撰稿、出版、壓迫、堅持、完成、價值
等幾個環節，向讀者簡明介紹這個狄德羅生平中的最大事件。

　　㈠緣　起

　　1728年和1729年兩年間，倫敦出版了一部《藝術與科學百科
辭典》，亦稱《百科全書》，共五卷，史稱《錢伯斯百科全書》，編

者為愛弗拉伊姆・錢伯斯(E. Chambers, ?-1740)。錢伯斯是貴格會教徒，畢業於牛津大學。他喜歡鑽研學問，痴迷讀書。他所編輯的這部百科辭典很有特色。他有意識地把各種事物分為許多整體，同時又認為這些整體是更大的整體的許多部分，特別關注它們之間的聯繫。儘管他未能真正把握人類知識體系的全局，卻為如何綜合各門知識為一書作了嘗試。這部書所列條目和解說簡明扼要，別具一格，出版後頗受歡迎，十年之間發行數版。1745年一個英國人米爾斯(Mills)和一個德國人賽利阿斯(Sellius) 找到巴黎出版商勒伯勒東(Le Breton)，計畫把《錢伯斯百科全書》譯成法文出版。

巴黎出版商勒伯勒東是《王室年鑑》的承印人，他雖與米爾斯和賽利阿斯達成翻譯出版《錢伯斯百科全書》的協議，但欲獨享出版該書的專利權，申請下來的特權證書只署了他一個人的名字。為此三人之間發生爭吵，翻譯出版計畫擱淺。勒伯勒東決意另覓他人。經過波折，最終找到狄德羅。狄德羅生活窘迫，他剛剛翻譯完醫學辭典，正需要尋找新的工作來養家糊口，自然樂於接受勒伯勒東的建議。但是，他認為《錢伯斯百科全書》本來就不夠完備，編成出版已有十五年之久，這期間各個領域的思想都有了巨大進步，科學受到越來越大的關注，讀者的好奇心覺醒了，僅僅依靠二十年前的材料不能滿足社會需要，而且錢氏辭典中引用的法文材料，原來選擇就不夠慎重，現在如果重新移譯成法文，傳佈早已存在的知識，肯定會激起學者的憤慨和公眾的斥責。因此他不願意簡單翻譯此書，而主張更新和發展錢氏辭典，吸收和借鑑該書合理部分，另起爐灶重新編撰。狄德羅認識到用百科全書的形式，可以把尚不成系統和未經解釋的新思想、新材料、新知識聚集在一起，構成一個知識體系，既可總結人類以往的認識成果，也可開啟未來科學技術

文化藝術發展的前景。

狄德羅的熱情和計畫得到勒伯勒東的讚許，由狄德羅主編的《百科全書》事業就這樣開始了。

㈡策　劃

勒伯勒東是《王室年鑑》承印商，他很重視與王國政府的關係。他希望由狄德羅主編《百科全書》這個大工程能置於掌管出版事業的司法大臣阿格索(Aguesseau) 的庇護之下。年近八旬的司法大臣博學多才，深具人文主義思想，尤其是科學知識淵博，當勒伯勒東設法安排狄德羅向司法大臣彙報由他主編《百科全書》的計畫和設想時，狄德羅計畫的合理性、他的自信和決心、他廣博的知識和科學素養，使老法官得出結論：面對他的這位熱情洋溢的「年輕人」堪當如此重任。他表示同意狄德羅作為主編，支持編撰出版《百科全書》。

狄德羅深知主編這樣一部巨著的意義和責任重大。他一方面興奮地認為這是他一生中最偉大的事業，決心盡全力使計畫完美地實現；另一方面也清醒地意識到自己所承諾的工作的繁重和艱難。他深感時間緊迫，他知道這種性質的作品必須在短期內面世，否則有可能還沒有完成就要推翻重來，因為科學新發現和其他事物的發展日新月異，《百科全書》也要講究時效性。他還擔心自己勢孤力單，無論他在科學方面如何有造詣，他深知要在他向之求助的學者面前承當主事者的責任，他仍然缺少必要的權威。為了彌補這一缺憾，他和書商邀請著名數學家達朗貝(D'Alembert, 1717–1783)一起工作。達朗貝欣然同意擔任《百科全書》副主編，願與狄德羅合作完成這一歷史壯舉。

達朗貝比狄德羅小四歲，他是一個私生子，從小被巴黎郊區一

個玻璃商的妻子收養，在養母的簡陋寓所長大。達朗貝知恩圖報，對養母很好，受到狄德羅敬重。他謙虛、和藹、敏感、正直，具有快活的天性。他身材短小，不修邊幅，蓬頭垢面，毫不做作。這些性格特點也頗獲狄德羅好感。特別是達朗貝天賦很高，才華橫溢，二十四歲即為學士院副院士，已著有《動力論》，把所有物體運動的規律歸結為它們平衡的規律，還著有源於前書的《平衡和流體運動論》。他不久前發表了《氣流》，其中把實驗物理歸結為數學問題，為此柏林科學院給他授了獎。當1746年他答應參加編撰《百科全書》時，已是公認的歐洲偉大數學家，1754年更被選為有崇高學術地位和榮譽的法蘭西學士院院士。可以設想狄德羅十分喜愛達朗貝可親的舉止和美德聲譽，深信找到了理想的合作者。兩人互為補充，相得益彰。一個人急躁的性格在另一個人謹慎的性格中得到有益和必要的平衡。達朗貝並非整天在養母寒舍中埋頭研究方程式，他很活躍，時常出入沙龍，在巴黎上層有得意的關係和很好的人望，他以正直和詼諧深受歡迎。

（三）撰　稿

狄德羅與達朗貝親密合作，《百科全書》的編撰工作迅速展開。通過達朗貝的聯繫，《百科全書》首先贏得文壇巨擘伏爾泰和孟德斯鳩的支持。伏爾泰表示全力支持出版《百科全書》，對狄德羅和達朗貝的工作評價甚高，他答應為《百科全書》撰稿。作為啟蒙泰斗，伏爾泰對狄德羅和達朗貝這些「年輕後生」的支持和愛護十分真誠。他不僅積極為《百科全書》撰稿，而且對自己所寫的辭條精益求精，非常謙虛地總怕答應承擔的辭條寫得不好而影響《百科全書》的質量。他在寫給狄德羅和達朗貝的信中說，他常常「顫抖著」寄出給《百科全書》寫的文章，要他們把不滿意的東西燒

掉，而不必顧及老頭子的面子。事實上，伏爾泰為《百科全書》撰寫了十二個辭條，諸如〈歷史〉、〈理智〉、〈想像〉、〈優美〉、〈平等〉、〈自由〉、〈暴政〉等均為伏爾泰手筆。他曾說：「當生命一息尚存，我願為《百科全書》的光榮的作者們效勞。如果我能為最偉大和最美好的民族的和文化的作品貢獻自己微薄的力量，我認為這對自己將是最高的榮譽。」❶不僅認真撰寫辭條，當後來《百科全書》遇到困難和壓迫時，伏爾泰更挺身而出全力救護。文壇鉅子如此愛護和提攜晚輩，贏得法國知識界的普遍讚譽。

孟德斯鳩也支持狄德羅和達朗貝的事業。他答應為《百科全書》寫稿。不過當時他正集中精力為他的代表作《論法的精神》做付印前的最後加工，他只為《百科全書》撰寫了〈趣味〉一個辭條，幾年以後溘然長逝。

盧梭當時尚未成名，不過他是狄德羅的好朋友，狄德羅對盧梭的才華深信不疑，他請盧梭承擔起所有有關音樂辭條的撰寫。

在狄德羅和達朗貝最初為《百科全書》尋求支持的名人中，還有年已九十歲高齡的封特奈爾(Fontenelle, 1657～1757)。封特奈爾致力於宣傳科學知識，他相信狄德羅和達朗貝的事業是自己一生努力的繼續，自然頗感欣慰，表示堅決支持。表示堅決支持的還有布封，他的巨著《博物學》即將問世，他答應了兩位主編的一切要求。

《百科全書》的約稿十分順利，計畫中的各個辭條，從博物學、神學、形而上學、邏輯學、倫理學、法學、紋章學、算術和基礎幾何學、防禦工事、戰術、所有軍事藝術、水利、園藝、天文儀

---

❶　轉引自C. 阿爾塔莫諾夫：《伏爾泰》中文版，北京商務印書館1987年，張錦霞、蘇楠譯，頁13。

器、鐘錶，到解剖學、生理學、醫學、藥學、化學，以及建築學、繪畫、雕刻、雕塑，等等，等等，數量巨大的辭條大都找到了作者。當然也有不少辭條無人問津，因為它們被看作微不足道和枯燥、不吸引人，這些條目大都是有關手工業工藝類的，狄德羅自告奮勇一個人全部包攬下來。製刀師傅的兒子當然不會輕視手工業工藝。貴族老爺可能鄙視工匠，但是狄德羅不會。手藝是家傳的榮譽。狄德羅不是說過他的製刀匠家族是「高貴世家」嗎？不僅如此，依照我們的分析，狄德羅重視手工業和製造工藝並不僅僅緣於家庭出身，更深層的原因在於它體現了時代的要求。啟蒙運動反封建的訴求，歸根到底在於新生的資產階級要求改變封建的社會關係，創立適合資本主義發展的社會制度，以便資產階級可以放開手腳發展生產。換言之，是生產力進一步發展的客觀歷史要求，最終決定著啟蒙運動的發生和爾後資產階級革命的到來，十八世紀法國啟蒙運動和它所引發的法國大革命的終極目標，就是為生產力的解放創造社會條件。狄德羅打破封建傳統觀念，不但不鄙視，而且高揚物質生產的製造技術和工藝，正體現了這種生產力發展的要求，從而不僅顯示了狄德羅個人思想的先進性，而且是《百科全書》最終成功取得偉大歷史地位的根本原因。

所有手工業工藝勞動的辭條都由狄德羅一人負責，這就意味著除完成主編的工作之外，他為寫這些辭條要加倍拼命工作。二十五年間，狄德羅個人為《百科全書》親自撰寫了一千一百三十九個辭條，包括哲學、文藝、道德、語言、科技等許多學科，其中相當大的部分是有關製造工藝和技術方面的。這裡涉及領域之廣令人難以想像。法國作家安德烈・比利(André Billy, 1882–1962)所作《狄德羅傳》是狄德羅各種傳記中值得稱道的一部，比利談到這一問題

時動情地說：「農業和農村經濟由他寫，針織業由他寫，製錨業由他寫，鍍銀術、土地丈量、珠寶業、麵包業、皮件業、啤酒業、鞣鞦業、製帽業、製鋁業由他寫，強膠和油漆由他寫，金銀首飾雕鏤術由他寫！別針、甲冑、煤、紙板和馬車由他寫！黃麻和鐘由他寫！糖果業、黃銅和鑽石、棉花和燒酒、扇子和馬刺由他寫！鏡子和噴泉由他寫！鐘錶、雕刻、印刷、內衣和床上用品、眼鏡製造、煙斗、石膏、羽飾、火藥、飾帶、絲織物、鎖、糖和桶通通由他執筆。」❷為了撰寫這些辭條，狄德羅跑遍了工場和車間，或者把工匠們請到自己家中來討論，他閱讀、摘錄、抄寫了上千本解釋性和描寫性小冊子。這種實幹精神，實在令人感動。今日讀者可以看到，狄德羅主編的《百科全書》中對於各種實用的工藝、技術及其工具、機械的製造、操作等等都有翔實的敘述和附圖，對於我們瞭解十八世紀歐洲包括法國生產力發展的狀況和水平是極為可貴的資料。這些資料都是狄德羅一樁樁、一件件調查、實錄和繪製的，這是多麼大的工作量和需要多麼認真細緻的工作才能完成啊！狄德羅有一次談到撰寫各類手工業辭條缺少書面資料可資利用時說：「我們向巴黎和法國的能工巧匠請教。我們盡力到他們的作坊去，向他們作調查，聽他們講解進行寫作，把他們的思想展示出來，找出適於表達他們職業的術語，繪製圖表，加以明確的規定，把我們得到的有關的資料記錄保存起來，並且通過同他們多次長時間的交談，對別人過去講得不完全、模糊不清而且有時是不確切的東西謹慎地加以糾正。」❸

---

❷　安德烈・比利：《狄德羅傳》中文版，北京商務印書館1984年（下同），張本譯，管震湖校，頁69。

❸　阿塞扎編：《狄德羅全集》，巴黎加爾尼耶兄弟出版社1875–1877年

組稿工作相當順利，再加上狄德羅和達朗貝兩位主編又各自承擔了大量辭條的撰寫義務，似乎萬事俱備，可以靜候《百科全書》呱呱墜地了。這期間狄德羅因《論盲人書簡》遭遇牢獄之災，但並未對編撰《百科全書》產生很大影響。

㈣出　版

1751年7月1日，狄德羅、達朗貝主編的《百科全書》第一卷問世。它的全名是《百科全書，或科學、藝術、技藝詳解辭典》。在此之前，狄德羅為它寫了〈發刊辭〉，達朗貝寫了長篇〈序言〉。這兩篇文章既向讀者交代了編撰《百科全書》的宗旨和方法，也表達了他們對人類知識體系的看法。

狄德羅在〈發刊辭〉中說，大家都認識到需要一部適合法國人的百科全書，錢伯斯的著作雖然不是無足輕重，但由於它有不完善之處，不適合於法國讀者。本書絕不是錢伯斯百科全書的翻譯，而只是借鑑其總布局，並按照培根知識體系的思想加以矯正。他說，《百科全書》「要建立一切科學和一切技術的譜系之樹，這個譜系之樹表明我們的知識的每一分支的起源和它們彼此之間以及它們與共同的主幹之間的聯繫」❹。達朗貝在〈序言〉中也強調，作為百科全書，這部書要盡可能闡明人類知識的順序和聯繫。狄德羅按照培根的意見把人類的認識能力分為三種：記憶、理性、想像，並依據這三種認識能力把人類知識分為三大類：一、歷史，是從記憶而來的；二、哲學，是從理性而來的；三、詩，是從想像而來的。於是根據這樣的知識分類，狄德羅和達朗貝把博物學、歷史和宗教史歸於記憶；哲學歸為理性，包括數學、全部人文科學和全部自然科

版（下同），第十三卷，頁131。

❹ 同❸，頁133。

學；各種文學藝術則都被包括在「詩」這一知識總類中。狄德羅和達朗貝在〈發刊辭〉和〈序言〉中所闡發的劃分人類知識體系的思想，貫徹於《百科全書》的編輯工作中，他們所展現的「譜系之樹」是十分有趣的。例如針織業，作為加工羊毛的行業，它是一種手藝，廣義而言它具有利用自然的性質，應該歸於博物學。再如體操，它通過衛生學歸屬於醫學，從醫學又歸至生物學，從生物學歸於特殊物理學，從物理學再歸屬自然科學，從自然科學又歸為哲學，最後總屬於理性。說到歌劇，它通過戲劇詩歸屬於一般詩，再由詩歸至想像。按照這個「譜系之樹」，製鎖業歸為記憶類，而馴隼術則歸入理性。

關於建立統一的知識體系的觀念以及作為這種統一體系的體現的百科全書的出現，是與十八世紀科學發展的狀況和水平分不開的。狄德羅說，上一世紀及其以前就曾有過一些所謂百科辭典一類的書，但是像他和達朗貝正在主持創作的宏偉巨著至今還沒出現過，這是因為過去要編撰這樣的著作存在許多困難。狄德羅認為困難的原因主要是那時科學技術還不夠發展，許多極重要的科研成果還未出現，只是到了十八世紀科學技術才有了巨大進步。他說，那時真正的哲學還在搖籃中，微積分還不存在，實驗物理學才剛剛開始，辯證法根本沒有，人們對於理性批判的法則毫無所知，笛卡爾、牛頓和十七世紀以來出現的那麼多文人學者科學家或者還未出世，或者還未寫作，大大推進了科學技術進步的科學院也還未建立等等。應該說，狄德羅對十八世紀科學技術進步的總結和對十七世紀以前人類知識狀況的估計是符合事實的。十八世紀以前根本沒有科學，人類對自然的認識只是在十八世紀才取得了科學的形式，十八世紀綜合了過去歷史上一直是零散地、偶然地出現的成果，並且

揭示了它們的必然性和內部聯繫。無數雜亂的認識資料得到清理，有了頭緒，有了分類，彼此間有了因果聯繫，知識變成了科學。正是在這種條件下，使科學在各個部門獨立發展的基礎上達到某種綜合和統一才有了可能。狄德羅站在當代科學發展的水平上，最早企圖以百科全書的形式把以往的科學成果作為知識的統一體表現出來，無疑是可貴的嘗試和巨大的功績。

原則是正確的，具體的操作卻不一定正確。《百科全書》關於各門科學分類和聯繫的具體方法，即狄德羅構建科學「譜系之樹」的人類知識結構圖與他和達朗貝倡導和追求的科學分類原則並不相稱。他們在《百科全書》中實際所做的，只是把當時的各門科學按照人的主觀能力分類和排列起來，並沒有真正揭示它們的內在聯繫和歷史發展。事實上，在十八世紀，雖然各門科學之間的聯繫初露端倪，但是自然界各種運動形態的相互聯繫和相互轉化的關係還遠遠沒有被發現，在這種科學狀態下，要勾畫出一幅真實具體的普遍聯繫的自然圖景是不可能的。各門科學的客觀聯繫既然未被真正認識，要構建知識和科學的「譜系之樹」，只能依靠人的主觀認識能力，即狄德羅所謂培根的記憶、理性、想像三種方式，把人類的全部知識分為歷史、哲學和詩三大類了。

《百科全書》大受歡迎，訂購踴躍，出版商滿意之至，狄德羅和達朗貝喜氣洋洋。

㈤壓　迫

《百科全書》大受歡迎，引起以耶穌會士為首的教會勢力和其他封建勢力的痛恨。1752年1月正當第二卷開始發行的時候，耶穌會士利用普拉德(Prades)神父事件興風作浪大肆圍剿《百科全書》。普拉德神父是狄德羅的朋友，是為《百科全書》積極撰稿的

神學家。他寫的〈確實性〉辭條引起轟動。他有自然神論傾向，並且贊成洛克的經驗論，反對天賦觀念論。1751年底他向索邦學院神學系提交博士論文〈天國的耶路撒冷〉，1752年初答辯時因論文有唯物主義傾向而未獲通過，兩天以後又被巴黎大主教查禁，最高法院更判處把論文焚毀。早已伺機破壞《百科全書》出版的耶穌會士和冉森派教徒藉機攻擊狄德羅和他的百科全書派朋友，甚至散佈流言說〈天國的耶路撒冷〉一文是狄德羅捉刀代筆。在他們的哄鬧和控告下，1752年2月皇家政務會議（即御前諮詢會議）決定查禁已出版的頭兩卷《百科全書》。與此同時，普拉德神父被索邦學院除名並遭通緝，神父不得不潛逃荷蘭。為此達朗貝寫信給當時正寓居柏林充當普魯士王弗里德里希二世(Friedrich II, 1712–1786)廷臣的伏爾泰，請他幫助在柏林為普拉德神父尋求安身之地。伏爾泰當然願意幫助任何一個被教會迫害的同道，他在普魯士王那裡為普拉德神父謀得御前侍讀的職位。

《百科全書》被查禁以後，伏爾泰曾寫信給達朗貝和狄德羅，建議把《百科全書》搬到普魯士去出版。達朗貝和狄德羅感謝他的好意，但沒有接受他的建議。

《百科全書》的命運受到歐洲各國進步人士的關切，經過狄德羅和達朗貝等人的機智鬥爭，迫於國內外輿論的壓力，專制政府不得不於1753年撤銷了禁令，《百科全書》第三卷得以在這年秋天出版。這以後的三四年裡，編輯出版工作比較順利，從1753到1757年，堅持每年出一卷，訂戶也由原來的兩千人擴大到四千人，影響越來越大。

《百科全書》的成功引起各色反動分子的恐懼和仇恨。教士、官僚、無聊文人匯集的圍剿大軍再次發起對《百科全書》的衝擊。

先是反動分子誹謗狄德羅、達朗貝與伏爾泰、盧梭、霍爾巴赫等人組織了一個旨在危害國家和推翻社會的作家集團，妄圖敗壞這些啟蒙學者的聲譽，造謠惑眾，欺騙輿論。一個叫巴里索(Palissot, 1730–1814) 的文人，寫了一齣三幕諷刺喜劇《哲學家們》於1760年5月在巴黎上演，更把這場毀謗醜劇推向高潮。巴里索在《哲學家們》中藉一個淺薄無聊的虛構故事，把哲學家們的理論描繪成對公共秩序和社會道德十分有害的東西，把幾位著名啟蒙思想家寫成欺凌寡婦、誘騙孤女的道德敗壞之徒。他讓劇中人在形象上與盧梭、狄德羅、達朗貝、愛爾維修等人極為相像，並竭力加以醜化。例如把盧梭描寫成頭頂蔬菜、四肢爬行的僕從，以諷喻盧梭「返回自然」的社會主張；劇中人羅狄德暗指狄德羅，被描繪成無恥的騙子，企圖利用自己有關人性的知識誘騙天真無知的女性；劇中把達朗貝醜化為一個滿臉兇相、蠻橫無比的無賴漢；而把愛爾維修寫成偷人錢包的扒手，挪揄他的「利己主義」學說等等。手段十分卑鄙，投合了反動勢力的需要，居然造成一時轟動，起了極壞的作用。

與此同時，百科全書派內部由於意見不同也發生分裂。事情的起因是，達朗貝在《百科全書》第七卷裡寫了〈日內瓦〉辭條，其中讚美了不相信基督、地獄、永恆懲罰的異端思想，贊成日內瓦人棄絕宗教偏見，鼓勵他們建立爭論已久的劇院。盧梭反對戲劇，認為達朗貝支持在日內瓦建立劇院會導致他的故鄉人腐化墮落，1758年發表〈致達朗貝論戲劇的信〉，宣佈與《百科全書》決裂。狄德羅與盧梭十五年情如兄弟的友誼就此結束，令狄德羅十分痛惜。使狄德羅更為痛惜的是，在《百科全書》內外交困之際，達朗貝由於厭煩內部爭吵和外部壓迫也決意辭去《百科全書》副主編的

職務。達朗貝作為一個科學家，在數學、天文學和力學方面造詣深厚，但身體脆弱多病，經受不住意外刺激，盧梭的決裂導致他也退出《百科全書》編輯部。後來魁奈(Francois Quesnay, 1694–1774)、杜爾閣(J. Turgot, 1727–1781)、馬爾蒙代爾和杜克洛(Duc-los)在當局的壓力下也先後脫身，《百科全書》出現空前危機。

進入1759年，經過僧俗反動勢力一系列詆毀之後，專制政府新的更大的迫害終於到來。

1758年愛爾維修《論精神》一書出版，這部把感覺論發揮到極端的著作遭到非議和反對，很快被判焚毀。當局認為《論精神》不過是《百科全書》的縮寫本。總檢察長控告《百科全書》瀆神、敵視宗教和道德。國王代訴官在御前諮議會議上指控狄德羅和整個百科全書派說：宣傳有益的知識只不過是百科全書派的藉口，他們真正的目的是要把散佈在所有作家作品中的一切謬論和所有瀆神言論都收入他們的辭典。他們把那些東西美化、擴充，用美麗的詞句表達出來。當然，根據貝爾(Bayle, 1647–1706)的方法，「是」與「否」可能並存於有爭議成分的條目中，但一說到宗教、道德、權威等問題，他們總是欣然闡述「否」的一面。條目〈崇拜〉的撰稿者抹殺了神啟，條目〈星期日〉的撰稿者只限於計算工業和商業由於這一天工人不工作而招致的損失。對〈基督教〉條目的撰稿人來說，耶穌基督不過是許許多多改革家中的一員，這些改革家和他一樣把教義建立在永恆賞罰的教條之上。〈靈魂〉條目根本不願意人家辯駁，因為其中充斥唯物論。〈宗教信仰自由〉辭條要求寬容，因而會導致社會混亂。〈權威〉條目除了自然賦予父親對子女的權威外，不承認其他權威。〈無神論者〉條目把無神論者說成像無數賢者，可以享有正直風氣的一切好處，卻可避免無恥惡德和死硬美

德的種種弊病。連表面看來最無意義的條目，也偷偷塞進了對真理最放肆、最刻毒的攻擊。比如〈埃塞俄比亞人〉這一條目，不顧摩西的古訓，妄稱這個民族是人類最古老種族，甚至認為動物是陽光作用下土壤發酵而產生。編纂者所採用的那套所謂「參看」，實在奸詐，令人難以置信。他們不敢直接攻擊上帝存在之純形而上論證，卻叫人參看〈論證〉條目，物質論證則參看〈腐敗〉條目，精神論證參看〈無神論〉。《百科全書》作者們承認自己要達到的理想，就是不屬任何國家、任何宗教、任何職業。這豈不是公開否認他們的宗教和祖國嗎？總之，在這些危險的哲學家們的眼中，人只是一個動物。自然規律呢？那是我們感覺的結果。信仰呢？毫無用處。上帝存在嗎？很可疑！創世呢？證據不足。聖書呢？無聊的空想。宗教呢？與社會秩序為敵的狂熱。等等。

可以設想有了這樣的指控，《百科全書》必死無疑了。1759年2月6日御前諮議會議決定指派專人組成審查委員會，對已經出版的七卷《百科全書》進行審查。不待審查結束，3月6日接著判處撤銷《百科全書》的出版特許並禁止繼續出售、散發或重印。半年以後，羅馬教皇克里門蒂十三世(Clément XIIV)也專門發表詔書，譴責《百科全書》，勒令焚毀。

查禁《百科全書》、吊銷出版許可證，將使書商破產，勒伯勒東等人利用上層關係一再請求政府開恩終無結果，於是與狄德羅商定繼續祕密編輯餘下各卷。令勒伯勒東頗感安慰的是，四千訂戶無一要求退還餘下各卷訂金。書商看到的是錢，狄德羅看到的卻是讀者無言的鼓舞和支持。

㈥堅　持

狄德羅在《百科全書》的〈英雄主義〉這個辭條中說：「英雄

就是在困難時堅定不移，在危險中無所畏懼，在戰鬥中英勇頑強的人。」❺在《百科全書》遭到查禁的日子裡，狄德羅帶著少數助手獨立支撐祕密進行的這一巨大文字工程，正體現了這種英雄主義。狄德羅用行動實踐了他自己寫的辭條。然而要做到在困難時堅定不移談何容易！

與出版商和幾個親密戰友密謀按原訂計畫繼續編輯第八卷以及後邊各卷《百科全書》以後，狄德羅不理睬反對派文人和教士的鼓噪，埋頭自己的工作。比利在《狄德羅傳》裡說，每天，從早上六點到下午兩點，狄德羅把自己關在上了三道鎖的房內，對任何人都不開門，像個「苦役犯」那樣編寫《百科全書》。狄德羅從1754年起住在巴黎聖伯努瓦街和塔拉内街的街角處一個雜貨商家中的五樓和六樓上。五樓是住房和全家起居生活之處，六樓是閣樓，是狄德羅的書房，是他工作、接待客人、獨自沈思和閱讀的聖地。直到逝世前不久遷到葉卡捷琳娜二世(Алексеевна Екатерина II, 1729～1796)饋贈的一套像樣的寬敞住房之前，狄德羅就是在這間閣樓裡祕密編撰被禁以後的《百科全書》的。日復一日，他懷著激情緊張工作。

人們很少瞭解一個哲學家或作家是如何工作的。一部作品中凝聚了作者多少心血、多少不眠之夜、多少喜怒哀樂，大概除了作者自己，別人很難體會。同樣，我們也無法瞭解躲在閣樓裡的狄德羅如何為《百科全書》編輯別人的作品和如何寫作自己承擔的上千個辭條，以及在此期間他所創作的好幾部小說和戲劇作品。但是我們有一點兒材料，是狄德羅後來說給葉卡捷林娜二世聽的，多少透露出狄德羅工作方式的隱情。他說：

❺　同❸，第15卷，頁86。

我首先要研究一下，由我來做是否比別人做更好，然後我才去做。

如有任何跡象表明由別人做會比我做得更好，無論我會從中得到何種利益，我都會把它讓給別人，因為重要的不在於我去做，而在於把它做出來。

我立定主意之後，就白天在家中思索，晚上和別人聚會時也思索，在街上，在散步時都思索；我的工作始終縈繞腦際。

在我的辦公桌上有一大張紙，我在上面隨便寫些我隨意想到的提示性字眼，隨其出現時那樣紛亂而無條理。

我思想疲勞，就去休息。我留出時間讓思想重新湧現；這就是我有時稱之為我的「二羅麵粉」，這是借用一種農活的比喻說法。

在這以後，我重新拿起那些雜亂無章的提示字眼，加以整理，有時給它們編號。

到達了這個地步，我就說我的工作完成了。

我立即著手寫作，寫著寫著，我內心越來越激動。

如果出現某個新想法，卻需要留待下面才寫到，我就把它記在另一張紙上。

……

要使作品得以出版，還有很多工作；有潤飾工作，這是最棘手、最困難、使人衰弱、勞累、厭煩的、沒完沒了的工作，特別是在這樣的一個國家裡：四句平庸情趣的套語會毀掉一部極好的作品；這裡，人們不允許兩個元音難聽地重合在一起；這裡，人們為一個字重複出現，有時在一頁中重複出現而不快；這裡，人們要求你柔和，明確，優美，高雅，和諧；這裡，女人們寫得很地道並作最後的評斷。啊，在這樣一個不想受別人教育，卻在任何事情上，

甚至在最嚴肅、最重要的題材上也要娛樂一番的民族當中當個作家，是多麼艱難的任務啊！ **❻**

　　自《百科全書》問世二百多年以來，歷史學家喜歡用「嘔心瀝血」一詞表達對狄德羅的讚賞和崇敬之情，瞭解了狄德羅的工作方式，讀者也許對用這個詞語形容他對《百科全書》全身心的投入會有更真切的感受。

　　正是這種頑強的工作精神，使《百科全書》的編撰工作神速進行。1760年9月28日，狄德羅在給伏爾泰的信中說：「正當滿城風雨時，我退居書齋，翻閱您的《世界史》」，接著談到他那「偉大的事業」說：「手稿即將齊全，圖版即將刻好，我們將一舉把十一卷對開本投向我們的敵人。」**❼**言語間充滿了豪情。1761年9月，狄德羅結束了《百科全書》正文的編撰工作。他彙總了所有的條目，用了二十五天的時間，每天花十個小時修訂。當他把一大堆寫得密密麻麻的紙張交到出版商手裡時，勒伯勒東等人驚呆了。他們沒有預料到狄德羅不聲不響在這麼短的時間裡完成了如此大的工作量。一年以後，1762年9月，《百科全書》第八卷祕密印刷完畢，雖然暫時還不能出版發行，狄德羅仍然感到心滿意足。冒著再度坐牢的風險苦幹了整整三年半終於有了頭一批收穫，作為主編兼撰稿人的狄德羅該是何等興奮啊！他禁不住寫信給他的女友說：「它充滿迷人的東西和各種色彩。有時，我忍不住要給您抄上幾段。隨著時間的推移，這部著作肯定會在人們思想中產生革命，我希望暴君、壓迫者、宗教狂和排斥異己者不能從中佔到什麼便宜。我們將為人類服務，但是，等到人們對我們表示感謝，我們早已化作冰冷的無知

---

❻　同**❷**，頁266–268。

❼　同**❷**，頁304。

覺的灰燼了。」❽

1763年和1764年兩年期間，狄德羅與出版商配合，在編輯部幾位助手的鼎力協助下，祕密地把餘下的文字卷和圖版卷差不多全部印刷出來了。萬事俱備，只待時機。狄德羅在1765年8月18日給友人的信中說：「我想我還得把本星期餘下的時間用上去，隨後，我將高呼：陸地！陸地！」❾此時的狄德羅，也許比一個真正的遠航水手終於看到海岸時更為興奮。

㈦完　成

埋頭祕密編撰《百科全書》這幾年中，除去上述大功即將告成引起的極度興奮以外，雖然波折不斷，筆戰也從未停止，但是狄德羅的生活相對平靜，大風大浪不多。或許只有兩件事令他大悲大喜，情緒跌宕起伏甚大。先說大悲。1764年11月，一個晴天霹靂震得狄德羅目瞪口呆：由於需要在一卷不久前印好的文字中查找他所寫的字母S中的一篇重要哲學條目，他驚奇地發現條目原稿遭到閹割，印出來的東西支離破碎，已非原來面貌。他不相信自己的眼睛，他急急忙忙檢查其他條目，他發現出版商勒伯勒東在工頭的幫助下粗暴地用剪刀把他認為最危險的條目刪節得一塌糊塗！狄德羅憤怒已極，他衝到出版商家中大聲責問，聲言與這樣的《百科全書》斷絕關係，又絕望地回到家中，不肯吃飯，不肯喝水，自文森入獄以來，他還未如此沮喪過。他在妻子、女兒、女傭面前盡情發泄他的絕望心情：二十五年以來的工作、辛苦、花費、危險、凌辱，竟然得到這樣的結果！第二天，正當他徹夜未眠悲憤難消之際，與勒伯勒東合股的另一書商布里昂松登門拜訪。這個人善於觸

---

❽　同❷，頁311。

❾　同❷，頁318。

動別人心中敏感的弦。他訴諸狄德羅的善良，他的慈憫，向狄德羅描繪如果他到處宣揚該書所遭到的破壞以實踐他拋棄《百科全書》的聲明，無辜者會遭到多麼大的損失。《百科全書》所受破壞已無法彌補，因為手稿已經毀掉，而且現在已經印到最後一卷。為了說服狄德羅保持沈默，這位能說會道的書商還拿出他的殺手鐧：狄德羅無法向公眾揭露勒伯勒東的背叛而不讓他的敵人抓住法律上的把柄。他對狄德羅說，他的敵人不會放過狄德羅自己招認不顧明令禁止仍在繼續《百科全書》工作這樣的事實，後果將不堪設想。

狄德羅無可奈何，只能默默吞下卑鄙怯懦的出版商種下的苦果，否則最好的結局也是他將不得不離開法國。他作了讓步，許諾不聲張，答應就當是什麼事也沒有發生過，勉為其難完成他的任務。他同意繼續主持《百科全書》，人們在印刷廠又看到了他，但他再也不願見到勒伯勒東。其後的日子裡，儘管狄德羅好衝動、饒舌和冒失，他仍然信守諾言，隻字不提出版商擅自對有些辭條作了刪節，因此這件事自始至終只有四五個人知曉。奇怪的是，此後並沒有哪位撰稿人追究此事。或許是當撰稿人發現時，為時已晚，把事情鬧開對誰都不利；或許是由於撰稿與出版時間相隔太久，作者已難於記清手稿詳細內容。當然，後世也無法瞭解出版商到底刪除了辭條中哪些「危險」東西。據說狄德羅在家中把當時尚未出版的各卷每卷保存了一個樣本，見到過的人說上面寫滿了旁注，是否有可能狄德羅把刪去的內容又設法補上以備再版時恢復呢？可惜這個樣本遭到狄德羅所有藏書同樣的命運，它們在歷史的激流中消失了，始終未能找到。

再說大喜。如前所述，反動的耶穌會士是《百科全書》最兇惡的敵人。1759年為慶祝查禁《百科全書》，耶穌會專門鑄造銅牌以

為紀念。那時候的耶穌會教士們何其猖狂。星移斗轉，誰能想到不久以後在法國肆行二百餘年的耶穌會士竟然遭到被驅逐的厄運。封建勢力內部爭鬥，最頑固的敵人土崩瓦解，無疑為《百科全書》再度面世提供了機會，狄德羅怎能不大喜過望！事情還得從頭說起：作為天主教羅馬教廷屬下最頑固的一個僧團，耶穌會是十六世紀宗教改革運動興起以後產生的最保守的教派勢力。它創立於1534年，創立者是西班牙貴族依納爵·羅耀拉(Ignacio de Loyola, 1491–1556)，1540年經羅馬教皇批准。它的會規強調會士絕對忠於教皇，無條件地執行教皇的一切命令。耶穌會內部有森嚴紀律，通過佈道、開辦學校、擔任封建王侯的懺悔神父等方法，滲入社會和宮廷，拉攏或影響封建統治階級中的國王和其他顯要人物，並廣泛滲入其他社會階層，來對抗宗教改革運動和其他社會進步，維護日趨沒落的封建制度。在法國，二百年來的所有國王都選擇耶穌會士為懺悔神父，耶穌會士享有的權勢和社會影響，使他們成為法國社會舉足輕重的政治勢力。但耶穌會信奉教皇至上論，是羅馬教廷干涉世俗政權的工具，用狄德羅的朋友、前耶穌會士雷納爾(Reinard)的話說：「耶穌會是柄利劍，劍柄在羅馬，劍鋒刺向世界各地。」❿因此在教皇與王權的鬥爭中，耶穌會常常成為衝突的起因或焦點。路易十五時代，他的情婦蓬帕杜爾(Pompadour)夫人權傾內外，耶穌會士卻藐視她，耶穌會與宮廷的關係日益緊張。此時巴黎高等法院為耶穌會在教會內部的敵人冉森派教士把持，1762年巴黎高等法院利用一起控訴耶穌會士的案子，勒令耶穌會出示它的章程，接著宣佈這個章程和王國基本法律相抵觸，判處把所有耶穌會士驅逐出境，並且封閉耶穌會辦的所有學校，包括伏爾泰、狄

❿　同❷，頁312。

德羅的母校大路易中學。這就是著名的「驅逐判決」。

反對《百科全書》和百科全書派哲學家最堅決的耶穌會士突然銷聲匿跡，狄德羅不禁興奮地寫信告訴他的朋友：「我現在擺脫了一大批強大的敵人，一年半以前，誰能料到這種事情？」❶他感慨萬端，《百科全書》出頭有日了！

《百科全書》被禁八年以後，在狄德羅和出版商以及撰稿者和編輯部工作人員共同努力下，在以伏爾泰為首的眾多啟蒙學者聲援支持下，終於完成了第八卷到二十八卷（包括圖片十一卷）的編輯工作，從1766年開始不顧禁令祕密發售。八年後的法蘭西發生了很大變化，教會和專制政府雖然仍對《百科全書》持敵對立場，但已不可能阻止它的出版發行，狄德羅和《百科全書》不聲不響終於取得了勝利。狄德羅和他的戰友們為法蘭西民族建立了萬古不滅的功勳。

《百科全書》全書三十五卷，歷時三十年始最後完成。其中前二十八卷辭典正文（包括圖片十一卷）除第一卷至第七卷由狄德羅和達朗貝共同主編以外，其餘各卷均是狄德羅獨力主編完成的。後來孔多塞(Condorcet, 1743–1794) 等人又續編了補遺五卷和索引兩卷，分別於1776到1780年間出版。

(八)價　值

《百科全書》是一部宏篇巨著，它不但卷帙浩繁，圖文並茂，氣勢磅礡，而且幾乎囊括了十八世紀中葉以前歐洲人所取得的全部科學成果，立足於當時哲學和自然科學的最高水準，對各個領域的學術和技術作了一次全面總結。具體而言，《百科全書》所取得的成就可以分如下三個問題表述：第一，科學價值：《百科全書》以

---

❶　同❷，頁312。

大量篇幅刊載自然科學條目，而且大多數是約請當時傑出的學者和專家撰寫的，反映了十八世紀科學和技術的最新成果，對促進自然科學的進一步發展和科學知識的普及起了很大作用，直到今天，仍然是研究科學技術史的重要參考書。尤其可貴的是，《百科全書》十分注重選載實用科技資料，對當時各種工藝和技術、各種工具和機械的製造與操作都有詳細說明和圖解，真實地記錄了十八世紀歐洲工農業發展水平。第二，文獻價值：《百科全書》全面記載了十八世紀法國的社會面貌，對封建制度衰亡時期的政治、經濟、文化、宗教、典章制度、生活習慣、社會風情等等，無不設立專門辭條予以記述，為後世描繪了一幅啟蒙時代法國社會的風俗畫，對今日我們瞭解當時法國的經濟生活、階級關係、文化藝術乃至人們的精神面貌，都是難得的歷史文獻。例如，從〈徭役〉和〈人頭稅〉兩個辭條中我們可以看到十八世紀法國農民的封建負擔是多麼沈重。〈徭役〉條中說，農民出徭役修路，這種負擔每年要毀掉幾百人，僅為填掉洛蘭的一個溪谷，農民變成乞丐者就不下三百人；〈人頭稅〉條寫道：「凡已轉移住址但其移居的教區仍屬同縣者須在原住址所在地繼續交納一定時期的稅，農夫和勞動者為一年，其他納稅者為兩年。如移居地址不在原縣內，則農夫須付兩年的稅，其他納稅人須付三年的稅。」❷這是多麼真實珍貴的歷史材料啊！第三，啟蒙價值：《百科全書》並不是一部單純的辭典，而是十八世紀法國啟蒙運動中自然科學和社會科學各個領域的啟蒙學者共同鍛造的戰鬥武器。它的編纂具有明確的政治目的。它以科學和民主的旗幟，向封建制度展開全面進攻，既重點打擊宗教勢力和專制統

---

❷　參見莫利：《狄德羅與百科全書派》紐約英文版，1879年，頁123、125。

治，又掃蕩與封建制度共生的一切舊傳統、舊觀點、舊文化，為新世界的誕生作充分的思想準備。因此，《百科全書》的全部價值中，在啟蒙運動中發揮現實的戰鬥作用，是它的最大價值。它的體例、內容、影響，都體現這種戰鬥精神。

四、女皇的座上客

狄德羅出身平民，家族和遠近親屬都是手工業匠人，社會地位低下。老狄德羅有自己的刀剪舖還有幫工，已經是他們之中的佼佼者。這樣的社會關係與王公貴族毫不沾邊。狄德羅大路易中學畢業後在巴黎流浪十年，窮困潦倒，雖博覽群書刻苦努力自強不息，卻與巴黎上流社會沒有往來，他的好朋友也不過是像盧梭這樣一些流浪文人，他所選擇的妻子也只是一位縫紉女工。後來小有名氣，甚至當了《百科全書》主編以後，除了霍爾巴赫男爵府上的沙龍是他常去之處並感到自由舒暢以外，很少光顧其他貴族的沙龍，那些沙龍的女主人也不歡迎他，嫌棄他落拓無羈缺少貴族風度。所以，在巴黎，幾十年間狄德羅與封建的上流社會幾乎沒有任何私人關係。狄德羅從生活到思想都名副其實屬於第三等級。

然而這樣一個第三等級的哲學家怎樣成了女皇即俄國沙皇葉卡捷琳娜二世的座上客呢？

十八世紀中葉狄德羅主編《百科全書》前後，法國第三等級中的中上階層，特別是市民資產階級，雖然對天主教會和封建貴族統治不滿，要求改變封建關係，推翻封建制度，消滅等級特權，以利於發展資本主義工商業，但是他們的革命情緒仍很淡薄。與幾十年後大革命時代的激奮狀態有很大不同，仍然期待依靠王權實行自上

而下的改革，和平實現開明君主專制或君主立憲制度。這種階級情緒反映在啟蒙思想家的政治主張中，就是普遍對王權存在幻想。這方面的典型就是伏爾泰，尊稱伏爾泰為「老師」、「導師」和「兄長」的狄德羅和達朗貝等人則對伏爾泰亦步亦趨。就狄德羅而論，雖然他的政治思想存在多層次性的特點，有時候表現得還相當激進，但主流與伏爾泰完全一致，狄德羅終生沒有革命觀念。正是這樣的思想基礎，產生了狄德羅與俄國專制女皇的某種特殊關係。

俄國女沙皇葉卡捷琳娜二世是1762年6月28日發動宮廷政變推翻自己的丈夫彼得三世(Пёр p III)登上皇位的。不久她又派人殺死已遭囚禁的彼得三世以及其他政治對手，開始了對俄羅斯的長期統治。葉卡捷琳娜二世原籍普魯士，登基前曾在俄國宮廷長期鑽研俄語和俄國文學，並大量閱讀孟德斯鳩、伏爾泰、狄德羅等法國啟蒙思想家的著作，對法國啟蒙學者的思想主張有一定瞭解。登上女皇寶座以後，她在國內面臨俄國貴族反對勢力，在國外因篡位和刺殺自己的丈夫等行為名聲不佳。為了壓制國內敵對勢力和改善在國外的形象，葉卡捷琳娜二世像弗里德里希二世一樣，極力把自己打扮成一個開明君主。她不斷發表一些來自孟德斯鳩、伏爾泰、狄德羅作品中的自由主義言論，聲稱要把他們著作中的主張作為自己施政的指導方針，願根據啟蒙思想家的思想修改俄國的法律等等，一時間頗為轟動，引起伏爾泰、狄德羅等人的注意。

女皇登基之初就對《百科全書》被禁表示同情。她在寫給伏爾泰的信中宣稱：世界上一切奇蹟都不能消除禁止出版《百科全書》這樣一個可恥的痕跡。她通過伏爾泰向狄德羅提出，由她提供一切保證，在聖彼得堡完成《百科全書》，狄德羅沒有同意。不過當《百科全書》全部出齊以後，1773年狄德羅應邀訪問了聖彼得

堡，受到女皇的款待。女皇的座上客云云即指此事。不過我們打算暫且按下這個論題下文再敘，而先談女皇贏得狄德羅以及伏爾泰等人好感乃至不勝感念欽佩的另一「壯舉」。

為了裝扮自己的「開明君主」形象，葉卡捷琳娜二世取悅法國啟蒙思想家的最漂亮、最工於心計的舉措是出高價購買狄德羅的藏書。

為了編撰《百科全書》，狄德羅在二十多年中利用出版商撥付的經費陸續購置了不少拉丁文和希臘文古典作品，以及哲學、自然科學和其他文獻著作，總數近三千冊。狄德羅的生活一向窘迫，為了給女兒昂熱麗克置辦嫁妝，他打算出售這些藏書，狄德羅的友人格里姆(Grimm)幫其尋找買主，要價一萬五千里弗。葉卡捷琳娜二世從俄國駐法大使和皇家建築院院長貝茲基將軍等人那裡聽說此事，她通過貝茲基將軍寫信給格里姆說，女皇相當激動地看到學術界如此著名的哲學家竟處於這種境地：要為慈父之愛而犧牲他的樂趣、他著作的源泉和他閒暇的伴侶，因此女皇陛下為了向他表示善意並鼓勵他繼續工作，委託我以您建議的一萬五千里弗之價購下這些圖書，唯一的條件是，狄德羅先生為得以使用所藏，將充作是項書籍的保管人，直至女皇陛下表示討回圖書為止。葉卡捷琳娜二世不僅付了書款，還預支給狄德羅五十年的保管費和年金，總計四萬一千里弗。女沙皇這一慷慨之舉，在巴黎沙龍中引起一陣狂熱，產生了真正的「轟動」效應。不但狄德羅喜出望外，伏爾泰等人也激動不已。

伏爾泰自稱完全被「北方的塞米拉米斯」❸征服。他在寫給女皇的信中說，得到陛下恩惠的那些人都是我的朋友，我非常感激您

---

❸　塞米拉米斯為傳說中亞述及巴比倫女皇，曾建巴比倫空中花園。

為狄德羅、達朗貝和卡拉一家慷慨的作為，歐洲各國文人都應該在您的支配之下。在給他人的信中，伏爾泰也一再表示了對葉卡捷琳娜的讚美，誇獎她的慷慨、仁慈、開明、寬容，聲稱「我在反對她的每一個人面前是她的騎士。」甚至把她弑夫篡位說成外人不能干涉的「家庭小事」。

狄德羅給他的恩人寫信說：

「尊貴的女皇，我匍匐在您面前；我向您伸出雙手；我有滿腹話語要向您傾訴，但我心情緊張，心思紊亂，千頭萬緒，簡直像孩子一樣動了感情，多少情懷鬱積心頭，無法表達……呵，葉卡捷琳娜！您的統治在巴黎真比在聖彼得堡還強有力！」❶

對於俄國女皇來說，一筆小小的投資不僅獲得享譽全歐的啟蒙巨人如此這般地歌功頌德和巧言辯護，而且贏得《百科全書》主編如此感恩戴德，連她本人都感到意外。一封封寫給葉卡捷琳娜的信證明，她的錢花得很值得。從前法國人視俄羅斯為冰封雪飄、豺狼成群的落後國家，如今很多文人學者藝員工匠都願到俄國謀個工作，狄德羅的家簡直成了職業介紹所，不斷有人請他介紹去晉見俄國大使。按照伏爾泰的說法，女皇儼然成了「歐洲的恩人」和文學藝術的保護者。葉卡捷琳娜二世當然為她能如此便宜地利用這些啟蒙大師為自己塗脂抹粉而沾沾自喜，篡位不過數年，她的「開明」形象已在歐洲傳揚。然而在俄國的現實中，正是在葉卡捷琳娜的統治下，俄國墜入空前的黑暗中，貴族地主加強了對俄國農民的壓榨，農奴的人身權利進一步被剝奪，專制王權的加強並沒有為俄國資本主義的發展創造條件。與十八世紀中葉的法國相比，俄國要落

---

❶ 轉引自亨利·特羅亞：《風流女皇——葉卡捷琳娜二世》中文版，馮志軍譯，張志校訂，世界知識出版社1983年版，頁202。

後得多。普希金(Пущкин ，1799–1837)在《十八世紀俄國歷史札記》一書中指出，葉卡捷琳娜二世嘴裡說的是喜歡啟蒙思想，卻同時把俄國真正傳播啟蒙思想的學者文人關進監獄、流放到西伯利亞和用樹枝鞭打致死。

　　現在我們轉而再談「女皇的座上客」。狄德羅於1773年5月應邀訪問俄國。狄德羅一輩子沒有離開過法國，甚至除去家鄉朗格爾之外很少走出巴黎，現在當他年屆六十、身患多種病痛卻要出遠門了。他要面謝他的恩人，並去俄國宣傳他的啟蒙思想，他像伏爾泰當年去普魯士宮廷希圖輔佐弗里德里希二世實行民主改革一樣，也懷抱勸說葉卡捷琳娜二世把俄國建成民主國家的熱望。經過幾個月的旅途勞頓，狄德羅於年底到達俄國京城聖彼得堡。在俄國京城，他受到女皇款待，他們不拘禮節地討論各種問題。狄德羅被葉卡捷琳娜表面的「開明」假象迷惑，信口開河地向女皇提出許多「建議」，甚至一口氣向女皇提出了八十八個問題詳細瞭解俄國的社會狀況，諸如「主人與農奴的關係」等等。女皇被他不知深淺而又脫離實際的問題激怒，她回答說，在俄國沒有「農奴」，只有依附於土地的農民。她說，雖然這些沒有自由的農民在身體上受到一些束縛，但他們在精神上是獨立的。真是奇談怪論，當她多次把成千農奴當作禮物賜給面首時，她的這些「精神獨立」的臣民是自由民嗎？狄德羅當然不能同意女皇的狡辯，但是他的自由主義言論只能引起俄國專制君主的竊笑。她對他表面上十分客氣，優禮有加，背後卻說他「從某些方面看，他似乎已是百歲老人，從另一方面看，他又只像個十歲兒童。」⑮有一次，當他又勸女皇乘為時未晚趕快改革專制政治制度時，她對他說：「狄德羅先生，我非常高興地聆

⑮　同⑭，頁235。

聽了體現您偉大思想的高見；不過，用您談的這些大道理——我都非常理解，可以寫一些好書，用來實踐，卻會把事情搞壞。在您的改良計畫中，您忘掉了我們兩人地位的差別：您只在紙上工作，紙是逆來順受、千篇一律、柔軟靈活的，既不妨礙您的思路，也不抗拒您的筆鋒。而我是一個可憐的女皇，要在一個怕疼癢、愛發火的人身上工作。」⑯

狄德羅本來想到這片荒地上來播種良種，但他漸漸覺察到，女皇並不想把他整天對她講的那些美好的理論付諸實行。她微笑著同他討論，但俄羅斯一如既往。儘管如此，狄德羅仍然把自己向她提出的建議整理成一本書，題為《哲學和歷史雜談錄》。女皇表面激動地收下這本書，然後把它放到一個匣子裡，以便徹底忘卻。

嚴冬將盡。狄德羅的談興也沒了。他有些失望，想到不如歸去。沒人挽留他。女皇贈給他一枚戒指，一件皮衣，一輛英國式馬車和三千盧布。狄德羅沿原路返回，長途旅行充滿艱險和不適。當終於抵達海牙，他寫了一封長信給女皇，題為〈評女皇陛下就立法問題寫給代表的指導書〉。女皇看完這封言辭懇切的信以後的反應是狄德羅想像不到的：她怒火中燒，認為他是一個冒失鬼、空想家、江湖騙子。狄德羅逝世以後，她又談到這封長信說：「這篇東西真是一堆廢話，看不出他對事物的認識，缺乏審慎的考慮，又缺乏遠見卓識。如果我的〈指導書〉真合了狄德羅的口味，它就會把事情攪得一塌糊塗。」⑰如果狄德羅地下有知，女皇的話應該使他懂得，他像伏爾泰一樣寄希望於一個專制君主真正實行改革推進社會進步，是多麼不切實際的幻想。事實上，正當狄德羅坐在女皇身

⑯　同⑮。

⑰　同⑭，頁236–237。

旁與這位偽善的君王高談闊論民主的可貴和人民的福利時，一場俄國歷史上空前的農民起義爆發了。 1773年9月，頓河一帶的哥薩克布加喬夫利用農民的皇權思想自稱彼得三世揭竿而起，窮苦農民和農奴蜂湧響應，起義如燎原烈火在俄國農村迅速蔓延。葉卡捷琳娜二世耐著性子送走了狄德羅，急忙調兵遣將，費了很大力氣才把起義鎮壓下去。1774年9月布加喬夫戰敗被俘，被關在鐵籠子裡運往莫斯科。葉卡捷琳娜二世用極為殘酷的懲罰對待起義者。1775年1月10 日布加喬夫被四馬分身斬首處死，同案犯有的被四馬分屍，有的被絞死，有的被剝皮，較輕的處罰是鞭笞、割掉鼻子然後送去服苦役。在鄉下，地主貴族自立刑罰，個個村莊廣場上都聳立著絞刑架，對支持起義的農民和農奴進行了一次全國範圍的反攻倒算。

可是狄德羅至死都沒有看清葉卡捷琳娜二世的真面目。

從俄國回來以後，狄德羅像換了一個人似的，急劇衰老和麻木了，雖然又過了十年方才與世長辭，但他早就與世隔絕。1784年7月30日早晨，一代文豪溘然長逝，享年七十一歲。逝世前他拒絕神父動員他懺悔的勸告，也沒有在彌留之際履行宗教儀式。

逝世前一天狄德羅接見了幾位客人；與客人最後一次討論了哲學，他的遺言是：「邁向哲學的第一步，就是懷疑。」⑱

---

⑱　同❷，頁388。

第二章　狄德羅的自然哲學

一、狄德羅哲學思想概論

　　十八世紀法國唯物主義是啟蒙哲學，是法國啟蒙運動的理論基礎。啟蒙學者們並不都是哲學家，卻有著共同的哲學信仰。這就是以自然神論形態或無神論形態表達的唯物主義。絕大部分啟蒙學者都是唯物主義者，這就為十八世紀法國唯物主義形成一個完整的體系打下了堅實的基礎。上文已述，法國唯物主義與其他哲學體系的不同之處，除去它是一種革命的哲學，更關心人的生存條件和人的解放一類形而下的社會問題，因而形成鮮明的社會哲學特點之外，作為一個完整的哲學體系，它不是由一兩位哲學家殫精竭慮單獨建立起來，而是由眾多哲學家各有所長綜合而成。單獨看待他們之中的任何一人的哲學思想都不成體系，整體來看卻構成人類認識史上空前豐富多彩的哲學全書。即使是霍爾巴赫，雖然有《自然的體系》、《社會體系》等大部頭著作，也沒有描繪出整個體系的全貌。霍爾巴赫在自己的哲學思想特點基礎上，綜合和總結了梅里葉、拉美特里(La Mettrie, 1709-1751)、愛爾維修、狄德羅等人的哲學，是十八世紀法國唯物主義的集大成者，但不是這個體系的完成者。

正是由於霍爾巴赫的「體系」是十八世紀法國啟蒙學者各有特色的哲學思想的「集成」，為了求得邏輯上的統一，必然是，也只能是——借用一句數學語言來說——眾多啟蒙學者哲學思想的公約數，而不可能是它們的公倍數。換言之，霍爾巴赫的哲學並不能真正代表十八世紀法國唯物主義這個完整的哲學體系。

就狄德羅而論，作為一個「百科全書派哲學家」，他的哲學的核心部分當然與霍爾巴赫一致，但是他個人特有的東西，例如深刻的辯證法思想，卻是霍爾巴赫所缺少的。這裡我們以狄德羅的物質論，特別是他關於物質與運動關係的理論為重點，略述他的哲學的基本精神，而把他的物質論在西方唯物主義發展史中的地位問題放在下文專門論述。

狄德羅除去把主要精力用於編撰《百科全書》以外，他還單獨發表了許多著作，其中主要有《哲學思想錄》、《供明眼人參考的談盲人的信》、《對自然的解釋》、《關於物質和運動的哲學原理》、《達朗貝和狄德羅的談話》、《談話的繼續》、《達朗貝的夢》、《拉摩的侄兒》等。在這些著作中，他論證了一系列唯物主義哲學思想，表達了堅定的無神論觀點，在不少問題上突破機械唯物主義的形而上學性，閃爍出辯證法的思想火花，在十八世紀法國唯物論哲學中獨具一格。

狄德羅的哲學思想有一個發展過程，從自然神論走向無神論，十八世紀法國唯物論的兩種形式在他身上都曾鮮明地體現出來，並最終達到公開的唯物論和戰鬥的無神論的高度。狄德羅哲學思想變化的過程，恰恰是十八世紀法國唯物論發展歷史的縮影。

從狄德羅的早期著作《哲學思想錄》裡可以看到，狄德羅最初是一個自然神論者。他反對迷信觀念和宗教狂熱，但仍然承認作為

自然原因的上帝的存在，認為牛頓的著作提供了「關於一個具有最高智慧的實體的存在的充足證據」❶。他像伏爾泰一樣，把自然界看成一架奇妙的機器，「有它的齒輪、纜索、滑車、彈簧和懸擺」❷，認為這架機器驚人的「合理性」和「規律性」證明了造物主的存在。他說，實驗物理學的發展、對自然認識的加深，「使人成為真正的自然神論者」❸。

狄德羅從自然神論向無神論轉變的標誌是1749年發表的《供明眼人參考的談盲人的信》。在狄德羅著手編輯《百科全書》的同時，他的哲學思想也昇華到一個新的境界。在這部著作中，他宣稱：「如果想要我相信神的話，一定得讓我摸得到他」❹，無畏地舉起無神論的旗幟，以唯物主義哲學為武器，向宗教神學猛烈開火。他發揚梅里葉唯物論的優秀傳統，廣泛概括近代自然科學的成果，形成自己的以物質與運動學說為核心的唯物主義哲學思想。

狄德羅通過對物質與運動關係的剖析，論證了宇宙統一於物質實體和運動是物質固有特性的觀點，克服了牛頓、洛克(Locke, 1632–1704) 以及十七世紀其他唯物主義哲學家和伏爾泰等人割裂物質與運動的關係，因而不能將唯物論貫徹到底的缺陷，對唯物主義哲學的發展作出了重要貢獻，為無神論提供了有力的理論武器。

狄德羅首先探討「實體」問題。「宇宙實體」是西方哲學史上

❶　狄德羅：《哲學思想錄》中文版，陳修齋譯，《狄德羅哲學選集》，三聯書店1956年版（下同），頁8。

❷　同❶。

❸　同❶。

❹　狄德羅：《供明眼人參考的談盲人的信》中文版，王太慶譯，載北京大學編：《十八世紀法國哲學》，北京商務印書館1963年版（下同），頁308。

爭論不休的一個大問題。不同的實體學說決定了各派哲學家回答哲
學基本問題的不同立場。唯心主義哲學家和神學家反對宇宙實體的
物質性，二元論者認為宇宙有物質和精神兩個實體，他們的主張或
者構成宗教神學的哲學基礎，或者為上帝的存在留下地盤。狄德羅
繼承斯賓諾莎(Spinoza, 1632–1677)關於「宇宙間只有一個實體」
的思想，明確地說：「要假定任何一個處在物質宇宙之外的實體，
都是不可能的。」❺他認為所謂宇宙實體就是物質。狄德羅有一段
非常有名的議論，形象地說明了實體的物質性原理。他說：教黃雀
用的手風琴是木頭做的，人是肉做的，黃雀是肉做的，音樂家是一
種結構不同的肉做的，可見世界上的萬事萬物都有同一的來源，同
屬於物質。他堅決反對所謂宇宙有精神本源的神學說教，嘲笑神學
家藉實體學說為上帝存在「論證」的種種無稽之談。狄德羅指出：
我們很難接受一個實體，它存在於某些地方，而又不與空間上的任
何一點相合；它是沒有體積的，又占有體積，而且在這個體積的每
一部分裡都是完整的；在本質上與物質不同，而又與物質聯合為一
體；跟著物質後面推動物質，而自身又不動；影響物質，而又受物
質的一切變遷的影響等等；對於這樣一個我們對它幾乎毫無觀念的
實體，一個具有這樣矛盾的性質的實體，是很難接受的。神學家侈
談宇宙實體的精神本質，無非要為上帝存在論和上帝創世論製造哲
學根據，狄德羅堅持實體的物質原則，就是從根本上駁斥了神學家
的捏造。狄德羅從實體學說得出的結論是：「世界並不是曾被創造
出來的，而是像它曾經是並且將要是的那樣存在的。」❻

---

❺　狄德羅：《關於物質與運動的哲學原理》，《狄德羅哲學選集》，頁
　　116。

❻　狄德羅：《對自然的解釋》，《狄德羅哲學選集》，頁104。

　　狄德羅在強調物質是宇宙唯一實體的同時，進一步論述了一切自然事物都是物質粒子構成的。他把這種物質粒子叫作「元素」。他說：「我將把為自然現象的一般產生所必需的、各種不同的異質的物質稱為元素；並且將把元素的組合的一個現實的一般結果或許多一個接一個的一般結果稱為自然。」❼他認為構成自然事物的元素的數量是無限的，它的最小單位是分子。分子是不可分割的。他說分子的進一步分割只是理智上的事情，既出乎自然法則之外，又出乎技術能力之外。狄德羅關於宇宙實體物質性的思想，與梅里葉的物質學說一脈相承，構成十八世紀法國最徹底的唯物主義自然觀，是打擊唯心主義特別是神學世界觀的銳利武器。他們都從原子論出發，論證了世界的物質起源，堅持了唯物主義的一元論，與宗教神學所謂上帝創造世界的謊言針鋒相對。當然，梅里葉和狄德羅之間也有區別。這種不同之處特別表現在狄德羅強調物質微粒的「異質性」。他認為把自然界的一切存在物都看成是由同質的元素構成的，就像用同一種顏色來表現一切東西一樣是不可能的，因此他提出元素應該有質的區別，不同的元素構成不同的物質存在物。梅里葉把物質粒子看成只有大小粗細之分，只有量的不同，強調了物質世界的統一性；狄德羅認為物質粒子千差萬別，意在說明物質世界的多樣性。

　　至於狄德羅實體學說的根本缺陷，主要是在他正確地提出了實體是物質的觀點的同時，沒能擺脫同時代唯物主義物質學說的共同缺陷，即沒有把物質這個概念真正從物質存在的具體形態中抽象出來，因而把物質結構的觀念與哲學上的物質概念混為一談。狄德羅不瞭解「物質」這個概念純粹是一種哲學的抽象，它的哲學含意是

---

❼　同❻，頁103。

指獨立於人的意識之外的客觀存在。物質是純粹的思想創造物和純粹的抽象，它不是感性地存在著的東西。由於狄德羅像梅里葉和十八世紀法國其他唯物論者一樣不瞭解這個道理，因而他雖然非常機智地批判了巴克萊 (Berkeley, 1685–1753)等人的主觀唯心主義，卻不能徹底駁倒他。唯心主義者仍然可以從狄德羅的物質學說中找到可乘之隙。

在十八世紀法國唯物主義哲學中，狄德羅物質學說的特色在於深刻地論證了物質與運動的關係。在他看來，運動是物質固有的性質，物質和運動是不可分割的。他說，物質不僅具有形狀、廣袤、不可入性，而且具有運動的特性。運動之於物質，猶如長、寬、高三維之於物質一樣，都是實在的性質。他寫道：「宇宙中的一切都在移動或激動中，或者同時既在移動中又在激動中。」❽他還說：「世界生滅不已，每一剎那它都在生都在滅，從來沒有過例外，也永遠不會有例外。」❾這就是說，狄德羅認為物質世界處於永恆的運動之中，物質的運動具有普遍性和必然性。然而物質運動的動力從何而來呢？狄德羅繼承和發揮梅里葉「物質自動」的思想，認為在物質之外設想一種作用於物質的力是不必要的和荒謬的，說「物體就其本身說來，就其固有性質的本身說來，不管就它的一些分子看，還是就它的全體看，都是充滿著活動和力的」❿，從而既駁斥了宗教關於上帝創世並使之運動的神學說教，也否定了牛頓等人所謂「第一推動力」的假設。不僅如此，狄德羅還深化梅里葉的觀點，進一步提出物質自動的根本原因在於物質內部分子之間的相互

---

❽ 同❺，頁111。

❾ 狄德羅：《達朗貝的夢》，《狄德羅哲學選集》，頁143。

❿ 同❺，頁112。

作用。他認為構成物體的物質分子具有能動性，分子包含著一定的
「力」，並為這些「力」所鼓動。狄德羅具體指出每一個物質分子
都蘊涵著三種力，即固有的內部力、重力或引力、其他分子的作用
力。他認為物質分子具有的這些力在分子之間產生一種「抵抗」和
「吸引」的相互作用，形成物質運動的根源。他一再說：「每一個
元素都因其不同之點而有其天賦的、不變的、永恆的、不可毀滅的
特殊的力」，「物體內部的這些力對物體以外有作用：從這裡便產生
出宇宙中的運動或普遍的騷動」❶。在他看來，「一切物體都彼此
互相吸引，各個物體的一切微粒都彼此互相吸引」；同時，物質分
子之間又存在「抵抗作用」，抵抗作用也來自分子內部的力，這種
抵抗作用與相互吸引同樣重要，因為「如果沒有這個抵抗作用，在
運動之前便不能有衝擊，在衝擊之後便不能有停止了」❷。狄德羅
認為吸引和抵抗正是物質內部分子之間作用和反作用的表現，它們
的相互作用產生物質運動的動力。狄德羅對「物質自動」原理的解
釋，在唯物論哲學思想的發展史上和批判哲學唯心主義的鬥爭中，
都有重大意義。

　　狄德羅在物質與運動的關係上對辯證法的天才猜測，還表現在
他對物質運動的多樣性和規律性的論述中。狄德羅認為物質運動的
形式不僅僅是物體位置的移動，物體內部一刻不停地進行著昇華、
分解、化合，元素即物質微粒之間在一定形式下的組合和在另一種
形式下的破壞等等，是更重要、更根本、更一貫的運動。他把這種
物體內部的運動叫作「激動」。在狄德羅看來，物體外部的移動和
內部的激動，都是物質運動的某種形式，物質運動的形式是多種多

---

❶　同❺，頁115。

❷　同❺，頁117。

樣的。他舉生命現象為例說，生命就是一連串的作用和反作用，人活著是以「塊體」的方式作用和反作用，人死後就以分子的方式作用和反作用。他說：「如果不堅持在自己的頭腦中考察事物，而在宇宙中考察事物，就會信服現象的多樣性，基本物質的多樣性，力的多樣性，作用與反作用的多樣性」⑬，從而承認運動的多樣性。狄德羅進一步指出，正是物質運動形式的多樣性，決定了物質的異質性，物質元素的千差萬別取決於物質運動的千姿百態。他說，一切物體都處於作用和反作用之中，物質時刻進行著多種多樣的昇華、分解、化合，這種運動的多樣性決定了物質的異質性。狄德羅關於物質運動多樣性的觀點，具有深刻的辯證法因素，特別是他關於物質運動多樣性產生出物質異質性的觀點，在形而上學思想占統治地位的時代裡，更是難能可貴。

對於物質運動的規律性，狄德羅也有一定的認識。他認為物質運動是有秩序的，事物的存在和運動具有必然性。他說，事物的原始性質，本質上就存在著秩序和規律，因此「混沌是不可能的」。但是，在強調物質運動規律性的時候，狄德羅卻把必然性絕對化，不懂得必然性和偶然性的辯證關係，犯了片面性錯誤。例如，他甚至認為怪物的出現與人的存在在自然界中具有同樣的必然性，說人是「普通的結果」，怪物是「稀有的結果」，兩種東西「同樣地自然，同樣地必然，同樣地存在於普遍的共同的秩序中」等等。

在關於物質與運動的論述中，狄德羅也接觸到運動與靜止的關係，同樣閃爍出辯證法的思想火花。他認為運動是絕對的，靜止是相對的，絕對的運動和相對的靜止，都是事物存在和發展的必要條件。在物質永恆運動的前提下，他承認客觀事物在發展過程中有相

---

⑬　同❺，頁116。

對穩定的階段，認為這種相對的靜止狀態構成事物的穩定性。但是，他反對事物靜止不變的形而上學觀點，提出：「絕對的靜止是一個抽象概念，根本不存在於自然中」❶。他從宏觀和微觀兩個方面論述了運動的絕對性和靜止的相對性原則。從宏觀來說，他形象地指出：在一艘被風浪襲擊的船中，船上的物體雖然沒有移動，但這種靜止狀態明顯地具有相對性，說「一切都是相對靜止的，船裡面沒有一樣是絕對靜止的」，因為整艘船在做激烈的運動，船和船上一切的運動都是絕對的，相對的靜止包含在絕對的運動之中；從微觀來說，他認為雖然一個物體表面上靜止不動，但構成它的物質微粒卻仍然在一刻不停地運動，這種整個物體的靜止和物體內部分子的運動，也是一種相對和絕對的關係。

總之，狄德羅通過實體物質性學說和對物質與運動關係的剖析，不僅堅定的表明了唯物主義的哲學立場，而且天才地猜測到不少辯證法原理，在啟蒙時代法國哲學思潮中十分突出，在當時和後世都產生了深遠影響。

狄德羅的認識論是一種唯物主義的反映論。他認為自然和客觀事物是認識的對象，認識必然來自自然，我們應該在自然中而不是在頭腦中去把握事物。他提出「感官是我們一切認識的來源」❶，感覺是外界事物作用於我們感官的結果。他舉例說，人好比一架具有感覺能力和記憶能力的鋼琴，「我們的感官就是鍵盤，我們周圍的自然彈它」❶，從而產生感覺。因此感覺不是主觀自生的。他抨擊巴克萊所謂「物是感覺的複合」的主觀唯心主義就像一架「發瘋

❶　同❺，頁112。

❶　《十八世紀法國哲學》，頁337。

❶　同❶，頁369。

的鋼琴」,「以為自己是世界上存在的唯一的鋼琴,宇宙的全部和諧都發生在它身上。」**⑰**

狄德羅在肯定認識起源於感覺經驗的同時,又批判了把人的全部認識歸結為感覺的狹隘經驗論,對理性認識的作用有比較深刻的理解。他指出,狹隘的經驗論者「懷著一種偏見,以為我們決不能超出感官的範圍,我們的眼睛無法看到的地方,就是一切事物停止的地方。」**⑱**他認為狹隘的經驗論者只不過是自然的觀察者,而要真正認識事物,就不僅要作自然的觀察者,還要通過理性思維揭示事物的規律和本質。

狄德羅在批判狹隘的經驗論的基礎上,力圖解決感覺和思維、感性認識和理性認識的關係問題。他認為感性認識和理性認識都有局限性,「理智有其偏見,感覺有其不定性」**⑲**,在認識過程中,只有把二者結合起來才能克服這種局限性,正確認識世界。因此狄德羅提出實驗哲學和理性哲學聯盟的思想,使他的認識論突破了近代以來唯理論和經驗論長期對立的哲學史現象,而達到一個新的境界。正如應該充分估價狄德羅的物質與運動關係理論在西方唯物論史上的意義一樣,他關於實驗哲學與理性哲學聯盟的思想也應予以特別關注。對這個問題的詳細分析我們也留待下文專題研究。

---

⑰ 同**⑮**,頁372。

⑱ 同**⑮**,頁339。

⑲ 同**⑮**,頁328。

二、狄德羅物質與運動關係理論在西方唯物論史中的地位

西方唯物論史正如完整的西方哲學史一樣是從古希臘開始的。為了瞭解和評價狄德羅物質與運動理論對唯物主義哲學發展的貢獻，我們也得從古希臘開始談起，然後再轉入近代哲學家們的世界。顧名思義，唯物主義哲學都承認物質和運動的客觀存在，但在物質世界何以運動，即物質運動的動力這個問題上卻存在分歧。分歧自古有之。為了論述的方便，我們把這個不得不做的歷史回顧分為兩個步驟，第一步可以名之為「古希臘唯物主義哲學一瞥」，第二步稱作「近代唯物主義的三種形態」。

㈠古希臘唯物主義哲學一瞥

在西方，哲學是從泰勒斯（Thales, 約前624–前550）的「水是萬物的始基」這個命題開始的。這一命題同時也就開創了從感性直觀所把握的事物和現象中尋找世界統一性的物質基礎的嘗試。從阿那克西曼德（Anaximander, 約前611–前547）具有物質特性的「無限者」，阿那克西美尼（Anaximenes, 約前588–前524）的「氣」，赫拉克利特（Heraclitus, 約前535–前475）的「永恆的活火」，恩培多克勒（Empedocles, 約前490–前430）的水、氣、火、土「四根」，阿那克薩哥拉（Anaxagoras, 約前500–前428）的「種子」到德謨克利特（Democritus, 約前460–前370）的「原子」，古代希臘的這些哲學家沿著這條唯物主義路線前進，始而使哲學思維從神話傳說中脫穎而出，繼而與陣容強大的唯心主義哲學家對壘爭雄。

這些古代哲學家如此重視「萬物始基」問題，表明他們探討的

直接對象是宇宙整體，他們所關注的是世界的物質本原、宇宙的生成和演化問題。他們試圖按自然的原因瞭解自然，用物質的構成和運動說明物質的世界。唯其如此，物質運動的動力問題是他們重點探討的領域。正是對物質與運動關係的不斷深入的思考，反映了他們對思維與存在、精神與物質、靈魂與肉體關係的朦朧的理解，記錄了古希臘唯物主義哲學發展的思想軌跡，因而也展示了近代唯物主義不同形態的歷史雛形。

古希臘唯物主義對物質運動動力問題的探討經過了一個否定之否定的發展過程。

以泰勒斯為代表的米利都學派認為，作為萬物構成和變化根據的始基具有運動的內在動力。不過在泰勒斯那裡，這種內因論採取了物活論的形式。由於當時科學知識還處於極低的水平，還不能解釋稍微複雜一點的自然現象，雖然泰勒斯以水為萬物本原的思想與原始的宗教迷信和神靈崇拜本質上是對立的，但是在說明物質運動變化的時候，他還不得不利用「神」和「靈魂」這樣的傳統觀念。他的名言「磁石也有靈魂」即是一例。事實上，泰勒斯認為世界萬物都有生命，萬物充滿神靈，神靈引起運動。亞里士多德記述道：「人們還說，靈魂是作為組成部分存在於全宇宙中的，泰勒斯也許就是因此而得到萬物都充滿著神靈這個看法的。」還說：「根據泰勒斯的記載來判斷，他似乎是把靈魂看成某種具有引起運動能力的東西」[20]。在泰勒斯生活的時代，當自然科學還不能用物理原因解釋磁石吸鐵現象的時候，更不可能理解物質與意識的關係。但是泰勒斯所說的靈魂與原始宗教的靈魂觀念不僅毫不相同，而且具有相反

---

[20]　北京大學哲學系編譯：《古希臘羅馬哲學》，三聯書店1957年版，頁5–6。

的內涵。在原始的宗教迷信和神話傳說中，靈魂被視為寓於人體的獨立的精神實體，肉體死亡，靈魂即脫離物質軀殼而他往。然而泰勒斯一方面認為靈魂只是自然物的一個組成部分，是現實世界的存在物，並沒有超自然的涵義；另一方面，靈魂又是能夠引起事物運動的某種能力，是自然事物固有的運動機制。顯然，這種借用傳統觀念表達的物質自動的思想，雖然極為籠統簡單，還僅僅是一種臆斷和信念，但它卻是唯物主義物質運動理論的開端。阿那克西曼德和阿那克西美尼儘管在何為萬物始基問題上提出不同主張，但在始基具有內在動力方面與泰勒斯意見一致，對所謂「靈魂」同樣給予物質性的解釋。就是後來的赫拉克利特，雖然顯露出驚人的辯證法天才思想，大大豐富和發展了米利都學派開始的唯物主義哲學，但是其哲學研究的著眼點和對物質運動問題的理解，實質上與泰勒斯並無二致。

古希臘唯物主義哲學關於物質與運動關係的探討中，真正提出了新的觀念，從而使古代唯物主義否定之否定發展過程進入一個新階段的，是恩培多克勒和阿那克薩哥拉。

恩培多克勒認為世界萬物是由火、水、土、氣四元素組合與分離構成的，即所謂「四根說」。他提出四元素本身沒有運動特性，只是由四元素生化出來的世界萬物才不斷運動變化。把四元素看作萬物始基同時否定它們自身具有運動的能動性，這裡自然存在一個運動從何而來的問題。恩培多克勒看到泰勒斯等人簡單地賦予始基以運動本性的方法並沒有真正解決運動的起源問題，赫拉克利特關於「對立的鬥爭」是運動源泉的論斷雖然閃爍出古代辯證法的光輝，但他也像泰勒斯等人一樣用單一的物質形態來說明世界萬物的運動變化，與米利都學派的主張並無本質區別，因而在邏輯上難於

徹底擺脫物活論的羈絆。於是恩培多克勒另闢蹊徑，認為「四根」
之外，另有「愛」與「憎」參與四元素組合和分離形成萬物，並使
萬物運動變化，用情感化的語言描繪吸引和排斥這兩類廣泛存在於
自然界的物質力量。儘管在古希臘哲學的早期階段，物質和精神這
兩個概念還沒有徹底分化，這一時期的哲學家對存在與思維的關係
都沒有真正達到清晰的、自覺的理解，但是借用表現人類精神活動
的詞彙去說明始基運動的動力，與沿用「靈魂」這個名詞一樣，不
但不可能真正清除物活論的傾向，反而使恩培多克勒背棄了具有樸
素證法因素的內因論而到物質之外尋找物質運動的原因，從而導致
外因論。他用「愛」象徵元素組合，把「愛」看作萬物統一的絕對
原因；用「憎」象徵分離，把「憎」看作萬物分離的絕對概括，認
為只有「愛」的統治才是事物達到完善狀態的標誌。這種思想本質
上是形而上學的機械論。恩培多克勒是第一位把運動動力從物質始
基中分離出來的古希臘唯物主義哲學家。

　　阿那克薩哥拉像恩培多克勒一樣，試圖克服米利都學派把始基
設想為單一物質形態所帶來的局限和矛盾。他發展恩培多克勒把始
基粒子化的作法，由「四根」發展為「種子」。「種子論」認為一切
自然物都是由數量無限、性質穩定、可以分割、不可感知的各式各
樣的種子組成，有多少種事物便有多少種種子，而且每一事物包含
無數的種子。由於種子即是始基，阿那克薩哥拉實際上主張始基在
種類、數量和性質上是無限的。無限數量和性質的種子以不同的比
例、不同的組合構成世界上萬事萬物的不同狀態和存在方式。然而
性質穩定、不可感知的種子如何構成萬物呢？為了避免陷入物活
論，阿那克薩哥拉應用恩培多克勒的原則並比他更進一步，在始基
種子之外虛設一個「心靈」（「努斯」）。依照阿那克薩哥拉的論

述，心靈與種子和種子所組成的事物截然不同。心靈獨立自主，不
與事物混合；心靈永恆無限，無所不在；心靈洞察一切，支配一
切；心靈推動種子運動，安排宇宙秩序。在他看來，這樣一個萬能
的「心靈」是種子運動的原動力。根據種子和心靈學說，阿那克薩
哥拉描繪了這樣一幅宇宙生成圖景：在宇宙生成之前，只存在無數
異質物質小片，這就是種子。種子混沌雜處，零亂無序。它們是萬
物的本體，宇宙生成的物質基礎，但缺乏運動的主動性。是心靈給
予種子活躍起來的原動力。心靈使某一個點上的種子旋轉起來，帶
動其餘種子的旋轉，終於形成遍及宇宙的旋渦運動，從而使原來混
雜的種子迅速分離，出現冷與熱、乾與濕、濃與稀、明與暗的區
別，進而形成日月星辰和萬事萬物。這裡我們不來討論阿那克薩哥
拉宇宙生成論的科學價值，而只著眼於他的種子與心靈的關係。心
靈顯然是超自然的存在，但並不是宗教信仰的上帝。宗教的上帝是
按預定計畫在無中創造世界，並干涉世間的每一活動。而在阿那克
薩哥拉這裡，種子是萬物始基，是第一性的存在，心靈的唯一作用
只是提供第一推動力。他假設一個始基運動的外力當然是從物質自
動原始辯證法思想的倒退，顯露了某些形而上學機械論的陰影，但
與唯心主義哲學強調精神決定物質、思維決定存在有著本質區別。
關於這一點，亞里士多德倒是考察得極為真確。他說阿那克薩哥拉
「運用心靈作為創世的機括，可是除此之外，他總是用別的原因，
唯獨不用心靈來解釋問題，只是詞窮語盡，無法解釋某物何以必然
如此時，才拖出心靈來。」❷

　　德謨克利特對早期希臘哲學作了概括和總結，把唯物主義推向
高峰。在他著名的「原子論」中，一方面繼承和發展了恩培多克勒

---

❷　亞里士多德：《形而上學》985a。

和阿那克薩哥拉使始基粒子化的努力，從宏觀深入到微觀探討客觀世界的物質統一性，另一方面把「虛空」引入始基概念，揚棄始基運動的外因論，從而完成了古希臘唯物主義哲學否定之否定的發展過程。

德謨克利特的原子論可以概括為一句話：「一切事物的始基是原子和虛空，其餘一切都是意見。」❷意見是指對事物現象的認識，事物的始基只有原子和虛空。原子不但是一種最小、堅實、不可分割的物質微粒，而且同質。原子只有形狀和大小之分，並無性質差別。德謨克利特把虛空也看作始基，置於與原子同等地位。按照他的說法，原子是「存在」，虛空是「非存在」，但虛空或「非存在」不等於「無」，虛空只是「不充實」，仍然具有客觀的現實性。在古希臘唯物主義關於物質與運動思想的發展中，提出「虛空」概念具有重大意義。實際上，這是把「空間」引入哲學範疇，為原子運動並構成萬物提供了可能性。用德謨克利特的話來說，就原子「運動所發生的場所的意義而言，運動的原因是虛空」❸。由於他所理解的運動只是原子結合或分離的位置移動，所以有虛空才有原子運動的條件，才有事物的變化發展。他說：「虛空存在的理論就包含著位置的存在，因為一個人可以把虛空定義為抽掉物體之後的位置」。❹

在論述原子在虛空中運動和構成宇宙萬物的動力問題時，德謨克利特一方面拋棄了阿那克薩哥拉的「努斯」即心靈，強調原子自身具有運動的能動性，另一方面繼承和發展阿那克薩哥拉的萬物始

❷ 第歐根尼·拉爾修：《名哲名行錄》第九章第七卷，頁44。
❸ 亞里士多德：《物理學》214a。
❹ 同❸，208b。

於原始旋渦運動的假設，空前系統深刻地繪製了他的宇宙生成圖。按照他的設想，在原始混沌中，自身具有運動能力的原子在虛空中向各個方向「任意移動」，處於「急劇、凌亂的運動中」。原子的這種盲目運動必然造成相互衝擊、碰撞和聯結的機會，形成一種旋渦運動，不同形狀、不同大小的原子同類相聚，產生火、土、水、氣等元素，進而形成日月星辰和萬事萬物。顯然，在物質運動動力問題上，德謨克利特又在原則上回到米利都學派的立場，在他的宇宙生成論中不需要「第一推動力」，從而排除了承認超自然精神實體存在的傾向。但這是在古希臘唯物主義對物質與運動關係探索的螺旋式發展過程中更高一層的復歸，是辯證法的否定之否定，是在「原子與虛空」，而不是「水」的全新的理論基礎上對物質與運動統一性的認識，因而不是回到泰勒斯的物活論，而是把古希臘唯物主義推向徹底的無神論。

(二)近代唯物主義的三種形態

西方近代唯物主義在表現形式上沿著古代哲學家的腳印，走過了辯證發展階梯上的一個新螺旋。儘管近代唯物主義在階級屬性、自然科學基礎以及與唯心主義對立的內容和性質上與古代唯物主義迥然不同，但是人類思維發展的客觀規律，決定了這兩個相距千年的唯物主義發展階段在形式上有諸多相似之處。

近代唯物主義是新興資產階級的世界觀，是資產階級反對封建統治的思想武器。它先是與封建制度的精神支柱天主教會和宗教神學進行殊死戰鬥，後又加上對墮落為代替經院哲學為宗教信條作理性主義辯護的十七世紀形而上學的討伐。

經過封建中世紀基督教漫長的黑暗統治，宗教和神學成為歐洲中世紀唯一的意識形態，哲學淪為神學的婢女。羅馬教廷用極其兇

殘的手段對付一切「異端」，使唯物主義受到極大壓抑，古代唯物論的輝煌成果幾被摧殘殆盡。雖然唯名論和唯實論的論戰表明哲學史兩條路線鬥爭仍然不絕如縷，但是當近代唯物主義在文藝復興的歷史潮流中踏浪而出的時候，它一方面在自身發展中不得不幾乎從頭作起；另一方面又要經受宗教裁判所血與火的洗禮。這樣嚴峻的形勢一直延續到十八世紀，形成近代唯物主義在內容和形態上的兩大特點，即第一，它以比古代唯物論明確得多的唯物主義原則自覺投入反宗教唯心論的戰鬥，具有鮮明的革命性和戰鬥性；第二，在它三百年的發展過程中，曾長期以有神論的面貌出現，「神」既是唯物主義的時代新裝，又是理論自身的需要，具有雙重價值。

近代唯物主義的第一個歷史形態是泛神論。從文藝復興的發源地意大利到「十七世紀標準的資本主義國家」荷蘭，重要的唯物主義哲學家都是泛神論者。布魯諾(Bruno, 1548–1600)、特萊肖(Telesio, 1509–1588)、康帕內拉(Campanella, 1568–1639)、斯賓諾莎無不如此。

在反對宗教唯心論的長期鬥爭中，布魯諾是近代唯物主義的第一位殉道者。他在堅持和發展哥白尼學說的同時，還在哲學基本問題上對宗教神學發難。他反對被經院哲學利用的亞里士多德的形式質料說，認為物質（質料）不僅具有客觀實在性，是自然萬物常住不變的永恆本原，而且具有積極的、創造的本性，自身中就包含著所有形式。形式處於物質之中，並以物質為自身存在的基礎。亞里士多德認為具體事物是由形式和質料組合而成的，決定事物本質的不是沒有屬性的質料（物質），而是先已存在的一般的形式。經院哲學家利用亞里士多德的說法提出，既然每一事物的個體性是由形式的參與決定的，沒有形式的參與，純質料永遠是沒有任何規定性

的抽象存在，這就證明了上帝創造世界的宗教信條。顯然，布魯諾關於形式處於物質之中，物質具有創造本性的觀點，是對經院哲學的有力駁斥，儘管他所使用的思想材料和辯駁方式帶著濃厚的時代特徵。

　　但是物質具有創造本性的根據，或者說物質形成形式的內在能力是什麼呢？布魯諾認為宇宙及其每一部分都存在著一種叫作「世界靈魂」的東西。「靈魂」處於物質之中，並且操縱物質，它是物質發展和運動的原因。這個「世界靈魂」也可以叫作「自然」，或者「上帝」。他說「自然」無非就是事物中的「上帝」，上帝則是「從內部作用於物質的神聖力量和在一切之中有著深刻印跡的永恆秩序」，是「體現於萬物之中的力量」，是「萬物完成自身行程時所依據的規律」㉕。布魯諾關於世界靈魂、自然、上帝的議論，使我們不禁想到泰勒斯「磁石也有靈魂」的哲學命題。在泰勒斯那裡是萬物皆有靈魂，在布魯諾這裡是上帝溶於自然，同樣是要在現實事物內部設想事物運動變化的原因，排除外在的、非物質的干預，這就明白顯示了布魯諾的泛神論的實質是在哲學基本問題上堅持唯物主義原則。

　　斯賓諾莎哲學的核心和基石是他的實體學說。他認為客觀存在的物質世界，是緊密聯結、互相關聯的總體，按照自身的規律運動和發展。這個宇宙總體就是實體，也叫自然或神。

　　斯賓諾莎等同於自然的神，是反對宗教唯心論的武器。他利用有神論的語言，論述的是無神論的唯物主義哲學原則。他說：「我對於神和自然持有一種非常不同於那些近代基督徒慣常所主張的觀點，我認為神是萬物的內因，而不是外因」㉖。這種「內因論」與

㉕　布魯諾：《拉丁文著作集》第一卷第二冊，頁310、193。

宗教神學關於上帝創世、上帝推動萬物運動的說教針鋒相對，實際上是用自然的原因說明自然的事物，超自然的神並無立足之地。他說，神（即自然）是在自身之內產生一切結果，所產生的結果又是神的一個組成部分。神作為世界的原因不能同作為結果的世界分離，原因和結果是同一的，因而神在世界之內，世界在神之中，神即自然。他提出神有廣延，神是物質，「廣延是神的一個屬性，換言之，神是一個有廣延的東西」❷。

斯賓諾莎神即自然的命題，堅決貫徹了物質決定精神的唯物主義原則，否認宗教唯心論關於神有理智和意志的信條。他認為神既不為目的而存在，也不為目的而行動，神的活動正如神的存在一樣基於自然的必然性。因此，神的力量就是自然的力量，神的法則就是自然的法則，神的表現就是自然的秩序。神不會在已有的命令之外再有別的命令，決不會在已有的世界之外創造新的世界。他明白宣稱：「《聖經》中上帝的命令、意志和神意只是指必然遵循自然永久的法則的自然秩序而言」❷，一語道盡他的泛神論的無神論本質。

斯賓諾莎的泛神論顯然比布魯諾的泛神論又進一步，以更為明確的語言使神和自然合而為一。這裡再也看不到原始的、素樸的物活論的思想痕跡，而是自覺地在「神」的掩護下反對宗教唯心論的哲學鬥爭。

在唯物主義歷史發展新的螺旋中，處於「否定」階段的是自然神論。唯其處於近代唯物主義三個歷史形態中承前啟後的特殊地位

❷　《斯賓諾莎書信集》，頁343。

❷　斯賓諾莎：《倫理學》，頁43。

❷　斯賓諾莎：《神學政治論》，頁90。

和辯證法則的中間環節，有時顯出較為複雜的矛盾現象，人們對它的瞭解和認識也最易產生分歧。有的研究者由於沒有從唯物論歷史發展的客觀辯證過程中全面分析自然神論，不瞭解自然神論是近代唯物主義歷史發展的一個必然形態，輕者對自然神論者盲目苛求，重者乾脆不承認自然神論也是唯物論。說某人的哲學思想「既不是唯物論，也不是無神論，而是自然神論」這樣的糊塗評論不是在我們的西方哲學史著作中時有出現嗎？因此，著重對自然神論作一番歷史的考察，對它保留神的原因和它的神的本質進行較為深入的分析，是繼續討論本論題的必要步驟。

　　在近代著名唯物主義哲學家長長的名單中，半數以上是自然神論者。英國的培根、洛克、托蘭德(Toland, 1670–1772)、舍夫茨伯利(Shaftesbury, 1671–1713)，法國的伏爾泰、孟德斯鳩、孔狄亞克(Condillac, 1715–1780)、盧梭等等莫不如是。可以說，直到十八世紀中葉以狄德羅為代表的百科全書派唯物主義者出現以前，英法兩國唯物主義者中不主張自然神論的（例如霍布斯）只是例外。泛神論浪潮之後，在資本主義蓬勃發展的英法兩國集中產生如此眾多的自然神論者不可能是巧合，定有其深刻的歷史必然性。為了探討這種必然性，並進而說明自然神論作為近代唯物論三種形態之一的根據，讓我們以自然神論思想比較典型的伏爾泰為例。

　　十八世紀法國啟蒙泰斗伏爾泰最早的哲學著作是1734年出版的《哲學通信》。這是他流亡英國期間，深入研究牛頓和洛克科學與哲學著作的成果。在《哲學通信》中，伏爾泰把牛頓和洛克介紹給法國讀者，也表明自己是牛頓和洛克的信徒。在這部著作和以後出版的《形而上學論》、《哲學辭典》等哲學專著中，伏爾泰一再表明，他堅信外在世界的客觀性，認為這是不言自明的道理，要不是

唯心主義哲學家千方百計懷疑一些最明白的事實，人們做夢也想不到要討論這樣的問題。他說，不管我下多大功夫去懷疑，我還是相信物體的存在，有過於相信若干幾何學真理。因為儘管我無法對我有一個父親和一個母親作出幾何學上的證明，但我決不會懷疑雙親的客觀存在。巴克萊歪曲利用洛克關於物體兩種性質的學說，宣揚物體是人的顏色、聲音等主觀感覺的結合，並非真實的客觀存在。伏爾泰根據洛克哲學的唯物主義精神反駁說，物體的本質並不在於物體具有顏色和聲音，而是具有廣表和不可入性，因此一個人雖然又聾又瞎，然而因為他有觸覺，所以他決不會懷疑那些使他感到堅硬、能摸到形狀的東西的客觀存在。伏爾泰不僅如此這般地反對主觀唯心論，而且蔑視客觀唯心論，例如他把柏拉圖（Platon, 前427-前347）主義者視為文雅的饒舌之徒等等。

在肯定物質世界客觀性的同時，伏爾泰還詳細論證了人的一切觀念都來自感官對外界事物的感覺，並力圖克服洛克關於「反省觀念」的錯誤，強調感覺是觀念的唯一來源，說當我們缺乏感官的時候，也就缺乏觀念，人腦唯一具有的能力只是對感覺得來的觀念進行組合和整理。

上述可見，與唯心主義原則相反，伏爾泰的哲學思想以承認世界的客觀性為前提，並在認識領域堅持唯物主義的感覺論，這是他的哲學的出發點。

雖然伏爾泰唯物地解決了物質和意識的關係，但他像牛頓和洛克一樣是機械論者，缺乏對物質和運動統一性的認識，把物質看作消極被動的因素，相信如果沒有外力的推動，物質不會自己運動。他宣傳牛頓的這種觀點：宇宙猶如一座鐘，引力是發條，鐘的各部分可以精巧和諧地運轉，但它需要外力的推動。伏爾泰在新的歷史

條件和近代自然科學基礎上，卻重複了恩培多克勒和阿那克薩哥拉的錯誤。他不瞭解物質和運動的辯證統一關係，不瞭解運動是物質的屬性和物質最根本的存在形式。機械論迫使他只能從物質世界之外虛構物質運動的原因，承認神的存在，求助於超自然的力量。他說：「運動並不是憑自身而存在的，因此必須求助於一個最初的推動者……整個自然界，從最遙遠的星辰直到一個草芒，都應當服從一個最初的推動者。」❷同時，伏爾泰也不瞭解物質及其運動形式的多樣性和規律性，不知道除機械運動之外，物質還有其他更高級的運動形式，不理解物質世界正是按其內在的本質的聯繫，即按其固有的規律運動、變化、發展，形成豐富多彩、千變萬化的統一整體。因此，所謂大自然驚人的「協調性」和「合理性」也使他困惑不解。伏爾泰本來是由於不瞭解物質與運動的必然聯繫才不得不引出神的，而物質世界存在和運動的規律性反過來似乎又在向他證明：的確存在超自然的神明。於是他得出這樣的結論：不存在自然的東西，萬物都是宇宙中的藝術，而藝術證明創造主的存在。

　　但是伏爾泰所承認的上帝與宗教信仰的對象有著本質區別。他不是懷著宗教情緒談論上帝。恰恰相反，他反對一切具體形式的宗教。他是天主教會不可調和的敵人。他畢生與基督教唯心主義鬥爭。推翻教會統治，掃除宗教迷誤是他全部啟蒙活動的中心目標。他的自然神論的真諦在於，他只承認上帝除一次創造活動（而且並非從無中創造世界）之外，就不再干預世間的一切事物，猶如一位建築師，他完成宇宙大廈的建築之後，就不再過問這所大廈的使用。「上帝發一次命令，宇宙便永遠服從」，這就是上帝和物質世界的關係。宗教神學把上帝描繪成萬能精神實體，侈談「三位一體」

---

❷　伏爾泰：《形而上學論》，《十八世紀法國哲學》，頁71-72。

之類所謂神的本質和屬性，伏爾泰卻認為上帝既非精神，又非物質，既不是有形的實體，也沒有被感知的標誌，人們無從瞭解他的本質和屬性，上帝是不可認識的。他說：「有一個神這一命題並不能給我們一個關於神是什麼的觀念」❸。

至此，我們看到「神」不過是伏爾泰哲學思想中的一個遁詞，一種邏輯的需要。承認一個空洞的上帝可以使他擺脫由於割裂物質與運動辯證統一關係所陷入的困境，而他關於上帝不可認識的學說又使他與宗教神學劃清了界限，可以自由地與宗教神學鬥爭。至於伏爾泰還有利用上帝作為維繫社會道德的手段和鉗制勞動群眾的工具的言論，已屬他的唯心史觀的範疇和資產階級立場的反映，這裡無需贅述。

從對伏爾泰自然神論哲學思想的分析可以看到，迫使自然神論者承認存在一個上帝的理論根源，是割裂物質與運動統一性的物質論。正是近代唯物主義的多數代表人物都囿於十七、十八世紀流行的形而上學機械論，才形成唯物主義發展史上自然神論一時群星燦爛的奇觀。儘管這些大哲學家以不同方式承認神的存在，但是由於他們在哲學基本問題上都堅持了唯物論的立場，並且把他們攻擊的矛頭始終指向宗教神學和其他唯心主義哲學流派，這就不但保證了自然神論的唯物主義本質，而且形成了近代唯物主義歷史發展的堅強一環。

近代唯物主義的第三種形態是公開的無神論。除霍布斯以外，近代唯物主義這一最高歷史形態的代表人物集中於十八世紀法國以狄德羅、拉美特里、愛爾維修和霍爾巴赫為代表的百科全書派。狄德羅等人把近代唯物主義發展到最高形態並不是偶然的。十八世紀

---

❸　同❷，頁75。

法國啟蒙運動的發展，沈重打擊了封建政權、天主教會和宗教神學，以及十七世紀形而上學和一切唯心主義哲學流派，自然神論的廣泛傳播為唯物主義轉變表現形式和公開舉起戰鬥無神論的旗幟創造了社會的和思想的條件。從唯物主義自身發展的辯證法來說，克服物質運動的外因論，堅持從世界本身說明世界，是唯物主義哲學進一步發展的必然要求。近代唯物主義螺旋式上升的客觀規律決定了，當自然神論完成了自身的發展過程和發揮了打擊宗教唯心論的歷史作用以後，自己也成了被否定的對象，猶如古代原子論代替種子論和四根說一樣。沒有這個否定之否定，近代唯物主義就不圓滿。

　　然而近代唯物主義發展過程第二個「否定」的關鍵，仍然是物質與運動的關係。必須揚棄牛頓「第一推動力」帶給唯物主義哲學的矛盾和弱點，從物質自身尋找運動的原因。客觀辯證法的這一要求，狄德羅通過自己由自然神論向無神論的轉變完成了。轉變的契機是他建立起包含豐富辯證法思想的物質學說。

　　本章第一節「狄德羅哲學思想概論」裡，我們曾對狄德羅的物質論，特別是他關於物質與運動的學說作了較為充實的評述。概括狄德羅的思想，可以歸結為如下幾個要點：狄德羅物質學說的特點是深刻地論證了物質與運動的關係。他認為運動是物質固有屬性，物質與運動不可分割。物質世界處於永恆的運動中，物質的運動具有普遍性和必然性。同時，他發揮梅里葉「物質自動」思想，認為物質自動的根本原因在於物質內部分子間的相互作用。他繼承了古代原子論思想，認為物體是由物質粒子構成的。構成物體的物質分子具有能動性，分子包含著一定的「力」，這些力在分子之間產生一種「抵抗」和「吸引」的相互作用，形成物質運動的根源。吸引

和抵抗正是物質內部分子作用和反作用的表現，它們的相互作用產生物質運動的動力。顯然，狄德羅的這些看法流露出吸引和排斥的矛盾是物質運動根本原因的辯證法觀點，儘管他表述得既不明確也不自覺，而且還受著機械論傳統觀念的束縛，但已突破十七、十八世紀以牛頓力學為根據的物質運動理論，對在唯物主義哲學中最終排除外因論、從發展的高一級層次上恢復物質自己運動的觀念，從而完成近代唯物主義否定之否定發展過程，把近代唯物主義發展到戰鬥的無神論歷史形態打下了堅實的基礎。

從對古代和近代唯物主義辯證發展歷程的簡單回顧可以看到，狄德羅的物質論哲學思想，特別是他對物質與運動關係的論述，最終突破了綿延幾百年的機械論對唯物主義哲學的影響，使唯物主義徹底與宗教神學劃清了界線。神，不論何種意義或何種形態的神，都被從哲學殿堂掃地出門了。在人類的精神世界裡，這是唯物主義劃時代的勝利。這個思維成果的實踐價值在於，作為十八世紀法國啟蒙運動的理論基礎，法國唯物主義最終擺脫「神」的陰影而取得完美的形態，可以旗幟更為鮮明地向封建統治的精神支柱進攻。如果說，在十八世紀的法國，哲學革命作了政治革命的先導，那麼狄德羅關於物質與運動的理論首先為確保這場哲學革命的成功解開了關鍵的難題。

三、狄德羅關於將唯理論與經驗論結合起來的觀點

把狄德羅的物質論放到整個西方唯物論史的發展鏈條上來考察，可以看出他關於物質與運動關係的思想對克服自然神論的缺陷

和將唯物原則貫徹到底起了決定性作用，那麼在認識論方面，狄德羅關於將唯理論和經驗論結合起來的觀點，則是他的認識論思想的最突出的特點。

狄德羅關於把唯理論和經驗論結合起來的主張，是用「建立實驗哲學和理性哲學聯盟」的語言表達的。他首次明確提出這個主張，是在1754年發表的《對自然的解釋》。他認為可以把所有的哲學家分成兩類，一類是「實驗哲學家」，另一類是「理性哲學家」。他提出應該使這兩類哲學家建立起「哲學的聯盟」。一般來說，當狄德羅論述認識論問題時，他所講的實驗哲學指的是以洛克和牛頓為代表的英國經驗論；他所講的理性哲學指的是以笛卡爾和萊布尼茲(Leibniz, 1646–1716)為代表的大陸唯理論。

狄德羅激烈批判巴克萊等人的主觀唯心主義，他所講的經驗論，當然指的是唯物主義的經驗論。他首先肯定經驗論有很多長處。經驗論者注意觀察和收集事實，他們「畢生從事於聚集材料，這些人是有用的、勞苦的工匠」❸。狄德羅肯定經驗材料對於認識的作用。他說：「事實，不管它們具有什麼性質，總是哲學家的真正財富。」❷他認為由於經驗論者注意觀察、收集事實，這樣的材料積累越多，人的認識就越豐富，因此經驗論能夠增加知識。

狄德羅認為經驗論的優點是無先入之見。他說：「實驗的哲學是一種純樸的研究，它幾乎不要求心靈有任何準備。我們對哲學的其他一些部門是不能這樣說的。大部分哲學部門增長我們中間的猜測的癖好。實驗的哲學則長久地壓制著這種癖好。人們遲早會討厭拙劣的猜測的。」❸狄德羅指出經驗論反對猜測（或者稱之為「假

---

❸　《狄德羅哲學選集》，頁63。

❷　同❸。

說」），但他自己並不一般地反對猜測，他只是認為拙劣的猜測終將被人們拋棄。

在狄德羅看來，唯物主義經驗論勝於抽象的理性思辨，因為經驗論通過觀察和實驗能夠打破傳統的觀點，使認識建立在牢固的事實的基礎之上，從而有利於克服主觀主義。他舉光的分析為例。人們長期認為光是不能分析的，理性哲學家也這樣說，但是實驗哲學對這種傳統看法從不輕易肯定或否定，而是注重觀察和實驗，毫不懈怠地工作，終於，它「指著那分光的三稜鏡，並且說：光被分析開了」❸。

狄德羅也指出了經驗論的缺點。首先，經驗論雖然重視觀察和實驗，注意收集事實，但是只把認識局限在感覺範圍，不能說明現象的原因和本質。經驗論者只能充當「自然的觀察者」，而哲學家本應成為「自然的解釋者」。其次，經驗論滿足於眼前的事實，不懂得理性思維的重要作用，缺乏理論指導和預見，帶有很大的盲目性。狄德羅說：「實驗的哲學既不知道從它的工作中什麼東西將要出來，也不知道什麼東西將不會出來。」❸還有，經驗論主張歸納而貶斥演繹，但是歸納法是有局限的。他說：「即使實驗哲學將世世代代工作下去，以致它所聚集起來的材料，最終將多得變成超出一切組合的數目字之外，也還是離精確的全部列舉很遠。」❸這裡反映出，狄德羅認識到歸納不是萬能的，不完全歸納不可靠，完全歸納又不可能。按照狄德羅的說法，經驗論這種歸納事實材料的做

❸ 同❶，頁66。
❸ 同❶，頁65。
❸ 同❶，頁64。
❸ 同❶，頁56。

法，就像明知從地下到天上有無限的距離，可是還一個勁建通天之塔。

　　狄德羅同樣看到了唯理論的缺陷。他認為唯理論過分相信理性的作用，不注重觀察和事實，容易陷入主觀主義和唯心主義。他說：「理性的哲學是永遠什麼都知道了的，甚至當它對自己提議的東西並不來到它那裡時也是這樣。」❸ 他指出，唯理論重視理性輕視事實所產生的另一惡果，是容易囿於已有之見，往往不能隨著新事實的發現而不斷推進理論。因為人的認識只有立足於事實和注意收集事實，不被體系束縛，才有不斷發展的可能。而唯理論熱中於建立體系，一俟體系建成就不再發展。他說：「理性的哲學權衡著各種可能性，一作出宣告就立刻停止了。」❸

　　但是狄德羅並不完全否定唯理論建立體系的作法，他有條件地同意唯理論的主張。狄德羅這種既看到唯理論熱中建立體系可能妨礙認識發展的缺點又有條件地贊成形成某種體系的觀點，是與他把自然看作有聯繫的統一整體分不開的。自然並不是由一個個互不相關的事實構成的，而是一個互相聯繫的整體。他說：「一個單獨事實的絕對獨立是和全體的觀念不相容的；而沒有全體的觀念，也就沒有哲學了。」❸ 還說：「如果現象不是彼此聯繫著，就根本沒有哲學」❹。顯然，狄德羅認為既要有全體的觀念，又要看到現象的彼此聯繫，就可以在千姿百態的現象中找到某種統一性。

　　上述可見，狄德羅看到經驗論和唯理論各有短長，一種理論的

----

❸　同❸，頁66。

❸　同❸，頁65。

❸　同❸，頁59。

❹　同❸，頁104。

不足可以由另一種理論補充，二者結合起來，就可以確定一種認識
真理的完美方法。因此他主張使經驗論和唯理論結合起來。他說：
「真理的利益要求那些思考的人終於肯和那些行動的人結合起
來」。❹他所謂「思考的人」指唯理論者，「行動的人」指經驗論
者。

狄德羅力圖在批判繼承前人的基礎上，通過吸收經驗論和唯理
論各自的優點建立新的認識論原則。他對十七世紀幾位著名的經驗
論和唯理論哲學家作過深入分析，他的意見與十八世紀法國大部分
唯物主義哲學家的看法不盡相同，顯示出獨特的眼光和超群的見
識。十八世紀法國唯物主義哲學家，無論是自然神論者還是無神論
者，對笛卡爾的看法出入不大，對洛克和萊布尼茲等人的態度卻有
很大差別。持異議者主要是狄德羅。

洛克的經驗論經由伏爾泰的大力提倡，十八世紀三〇年代以後
在法國受到普遍重視。伏爾泰推介洛克和牛頓的《哲學通信》是
1734年出版的，在啟蒙運動方興未艾之時贏得大批讀者，狄德羅
也正是由於這部著作開始追隨伏爾泰的啟蒙事業和走上哲學之路
的。但是，雖然伏爾泰對洛克崇拜得無以復加，狄德羅對洛克卻有
自己獨立的看法。狄德羅認為洛克是一個狹隘的經驗論者。在狄德
羅看來，經驗論者跟在經驗後面亦步亦趨，雖然不會出錯，但不出
錯在哲學著作中並不是天才的顯著特點。他說：「洛克的著作很少
謬誤，莎夫茨伯里伯爵的著作極少真理：然而前者只是一種廣闊、
深刻、正確的精神，而後者卻是第一流的天才。」❷他認為經驗論

❹　同❸，頁52。
❷　狄德羅：《天才》，載「古典文藝理論譯叢」第6冊，人民出版社
　　1963年版，頁132。

者都是爬行的觀察者，爬行不利於發現真理。在他看來，洛克就是這樣一位謹慎的經驗論者。洛克雖然不易出錯，但缺少天才的氣質。狄德羅說：「天才以最幸運和最令人意想不到的發現加速哲學的進展：它像鷹一樣飛向光輝的真理、萬千真理的源泉，隨後大群膽怯和謹慎的觀察者，匍匐前行，來到這些真理面前。」❹

十八世紀的法國唯物主義者除伏爾泰以外，其他哲學家也都十分推崇洛克的經驗論。例如孔狄亞克認為，在闡明認識來源於感覺經驗的原則方面，無人可與亞里士多德和洛克相比；愛爾維修更認為經驗論的原則是由洛克闡明的，他說：「我們受到洛克的啟發，知道自己是由感官而得到觀念」。❹狄德羅不同意孔狄亞克和愛爾維修對洛克哲學的評價，他反駁愛爾維修關於洛克首先提出人由感官而得到觀念的說法，認為：「應該說這是亞里士多德講的，他第一次明確提出，凡是存在於理智中的，沒有一樣不是先存在於感覺中。應該說這是霍布斯講的，他是在洛克以前，就在那本小小的卓越的《論人性》中，從亞里士多德的原則推出了幾乎全部人們由此所能提出的結論。」❹狄德羅對洛克的看法未免偏頗，因為洛克的確對唯物主義經驗論的發展有很大的貢獻，產生了很大影響。狄德羅持這種否定意見的原因，在於他對經驗論的缺陷看得比較清楚。

與對洛克的看法不同的是，狄德羅對西方近代唯物主義的鼻祖培根的評價很高。狄德羅認為培根是一位既重視感覺經驗又重視理性思維的哲學家。他在《百科全書》的〈天才〉條目中把培根和笛卡爾、萊布尼茲等人放在一起，認為培根是有想像力的哲學家，不

---

❹　同❹。

❹　同❹，頁491。

❹　《狄德羅全集》第二卷，頁 295–296。

屬於缺乏想像力的爬行的觀察者。狄德羅也很推崇霍布斯，認為霍布斯主張無神論具有勇敢精神，霍布斯的哲學思想帶有不少唯理論因素，不是一個狹隘的經驗論者。他在《百科全書》〈霍布斯〉辭條中說：「他不怎麼看重實驗哲學：他說過，如果要給經驗的製造者一個哲學家的名字的話，那麼做飯的、造化妝品的、釀燒酒的就都是哲學家了。」**❹**

　　除〈霍布斯〉之外，狄德羅親自為《百科全書》所寫的辭條中，還有〈洛克〉、〈斯賓諾莎〉、〈萊布尼茲〉等，從給予這四位哲學家的篇幅和評價中可以看到，狄德羅對經驗論者和唯理論者的看法與伏爾泰、孔狄亞克和愛爾維修等人有很大不同，這個事實也可說明狄德羅力圖超越啟蒙時代經驗論對眾多啟蒙思想家的影響、實事求是地看待經驗論和唯理論的優點和缺陷，以便吸取它們各自的長處，克服二者的片面性，建立更為合理的認識學說。或許由於思辯哲學被宗教利用，替代經院哲學為宗教信條作理性主義辯護，如馬爾布朗士 (Malebranche, 1638–1715)等人所為的緣故，伏爾泰、孔狄亞克、愛爾維修等人以洛克的經驗論為武器反對宗教神學，同時也對唯理論哲學家不懷好感，特別是笛卡爾的「天賦觀念論」和萊布尼茲的「單子論」理論，更受到尖銳攻擊。狄德羅在批判宗教唯心論和堅持唯物主義原則上與這些啟蒙學者是一致的，但他試圖將經驗論和唯理論的優點結合起來，以建立新的認識學說，實際上衝破了伏爾泰、孔狄亞克和愛爾維修的某些情緒化說法和作法，表現了探求真理的正直和勇氣。

　　在《百科全書》中，辭條〈洛克〉佔篇幅六頁，〈霍布斯〉三十頁，〈斯賓諾莎〉三十五頁，〈萊布尼茲〉三十七頁，從篇幅數量

---

❹　同**❹**，第十五卷，頁123。

上看狄德羅顯然對洛克重視不夠。從辭條的內容上看更是如此。對洛克，狄德羅只是草草介紹一下他的生平，簡略敘述他的哲學思想，幾乎沒有任何讚美言詞，與伏爾泰、孔狄亞克、愛爾維修等人對洛克的高度評價大相徑庭。相反地，狄德羅不僅對斯賓諾莎評價很高，說斯賓諾莎「是一個系統的無神論者，有著全新的方法，儘管他的學說的實質與許多古代和近代、西方和東方的哲學家是相同的」❹，而且給予萊布尼茲更高的評價。可以說狄德羅對萊布尼茲情有獨鍾，在百科全書派哲學家中絕無僅有。他認為萊布尼茲與貝爾、牛頓和笛卡爾等人，都可以和古代最偉大的天才媲美，甚至超過他們。他佩服萊布尼茲博學多才，說：「可能從來沒有一個人，和萊布尼茲讀得一樣多，學得一樣多，深思熟慮一樣多，寫得一樣多。」❹他不無所指地批評時人對萊布尼茲的片面看法說：「人們不無理由地埋怨我們沒有給這個哲學家以全部應有的評價。我們如果真的這樣做了，那麼現在是改正這個錯誤的時候了，是讚揚和賞識這個著名人物的時候了。我們現在樂於做這一切。」❹萊布尼茲的唯心論是與狄德羅的哲學思想矛盾的，狄德羅欣賞萊布尼茲，應是注重他的唯理論思想的合理因素。

　　總之，狄德羅對經驗論和唯理論幾位代表人物的看法顯示出，他試圖超越啟蒙時代大多數唯物主義哲學家批判和完全拋棄笛卡爾、萊布尼茲、斯賓諾莎思辯的唯理論哲學而一味傾心洛克經驗論的絕對化傾向，從唯理論的認識論中尋找合理成份，以達到實驗哲學和理性哲學結盟，創立理想認識論原則。

---

❹　同❹，第十七卷，頁170。

❹　同❹，第十五卷，頁472。

❹　同❹，第十五卷，頁473。

　　要實現實驗哲學和理性哲學結盟，關鍵是弄清感性和理性的關係以及二者在認識中的不同作用，克服經驗論和唯理論各執一端的片面性。實現感性和理性的結合，是實現實驗哲學和理性哲學結盟的前提。

　　感性和理性在認識中的地位和作用是經驗論和唯理論爭論不休的問題。一般來說，經驗論認為真實的知識來源於感覺經驗，理性是不可靠的；唯理論認為真實的知識來源於理性，感覺不可靠。應該說經驗論和唯理論都堅持了部分真理，又都犯了片面性和絕對化錯誤。割裂感性和理性反映了經驗論和唯理論共有的形而上學性。狄德羅用辯證的眼光看待感性和理性，把人的認識看作一個過程，認為認識從感性始，達到理性，又返回感性，反對把二者截然分開和對立起來。

　　狄德羅堅持認識論的唯物主義原則，認為認識來源於感覺經驗，這種感覺經驗是由物質作用於人的感覺器官形成的。他毫無保留地同意一切唯物主義經驗論者在感覺來源問題上的正確觀點。但是他不同意經驗論者，特別是洛克對感覺經驗本身的分析。

　　經驗論認為感覺經驗是清楚的，可靠的。按照洛克的說法，外物作用於人的感官而形成感覺，即使人獲得對於黃、白、熱、冷、軟、硬、苦、甜以及一切我們稱為可感性質者的觀念。觀念分為簡單觀念和複雜觀念。簡單觀念是不可再分的觀念，其特點是清楚明白。洛克寫道：「對於一個人，再沒有什麼比他對於這些簡單觀念的清楚明白的知覺更明顯的了；這些簡單觀念每一個本身都不是複合的，裡面只包含著一個齊一的現象或心靈中的概念，不能分成不同的觀念。」❺在洛克那裡，觀念就是感覺，簡單觀念就是單純的

❺　洛克：《人類理智論》中文版，方書春譯，楊祖陶校，載《十六−

感覺。狄德羅不同意洛克的看法，他認為感覺不可能是簡單的。他說:「任何感覺，比如對聲音的感覺，或者對一般光線的感覺，無論它對我們來說顯得如何簡單，如何不可分割，也是一種觀念的組合，是各種細緻感知的匯合，它們在心靈裡連續出現得如此之快，各種細緻的感知停留的時間又是如此之短，或者它們同時以如此眾多的數目出現，以致心靈不能把它們一一分辨出來。」❺他認為由於感覺總是可分的，因而不可能是簡單的;由於感覺是複雜的，因而不是清楚明白的;由於感覺是模糊的，因而不總是可靠的。

　狄德羅提出，應該區分感覺和觀念，感覺是模糊的，觀念是清楚的。他說:「我們的觀念是明確的，它們清楚地向我們表象了某種不是我們的物體;相反，我們的感覺卻是模糊的，它們並不清楚地表象任何一種物體。」❺狄德羅認為觀念之所以是明確的，在於它是簡單的。感覺在開始時是不明確不清晰的，要使感覺清楚明白，必須經過觀念的作用。狄德羅並不認為觀念就是理性認識，理性認識是組合、比較和聯繫觀念，觀念只是理性認識的材料，是從感性到理性的中介。也就是說，認識要清楚明白，必須從感覺，通過觀念的作用達於思考。狄德羅關於觀念作用的思想，實際上是意識到從感覺到思維是從不清楚到清楚，從不明確到明確的過程。

　經驗論者認為人在認識中處於完全被動的狀態，感官受到外界刺激，才能產生感覺觀念。狄德羅也認為感覺一般來說是被動產生的，但要形成清楚明白的觀念離不開人的主體和人的主觀能動作用。他說:「我們給予我們的觀念以注意，我們是這種注意的主

十八世紀西歐各國哲學》，北京商務印書館1961年版，頁243。

❺　同❹，第十七卷，頁117。

❺　同❹，第十七卷，頁115。

人：我們把這種注意召喚來，又把那種注意送回去；我們重新把它召喚來，想讓它停留多久就停留多久；我們給予它我們認為合適的注意程度：我們以如此至高無上的權威支配著所有的注意，就像一位收藏家支配著他收藏室裡的全部圖畫那樣。」❸這就是說觀念由理性支配，而理性又是有主動性的。

狄德羅認為，經過觀念的中介作用，從感覺到思維的過程，就是一個使認識從不清楚到清楚、從被動到主動的過程。因此，狄德羅認為感覺和思維有質的不同，不能將思維歸結為感覺。

經驗論者認為，由於感官是知識的門戶，所以感官越多，感覺到的東西就越多，知識就越豐富；感官越精細，感覺事物越具體，知識也就越完善。孔狄亞克在其名著《人類知識起源論》中就持這種觀點。按照這種觀點推論，天生盲人由於缺乏視覺這個觀察事物的主要器官，就必定缺乏某些知識，與明眼人有明顯不同。狄德羅考察了天生盲人的情況，認為這種觀點是不正確的。他舉天生盲人、劍橋大學數學教授桑德遜(Saunderson, 1682–1739)為例說：「桑德遜在劍橋出色地教授數學，他上光學課，發表關於光和顏色的演說，解釋關於視覺的理論，論述鏡片的作用、虹的現象和談論其他許多與視覺和它的器官有關的事物。」❹桑德遜一歲時失明，但他不僅知識豐富，著有《代數原理》十卷，而且還能教光學，這樣的奇蹟在狄德羅看來仍然是可以理解的。他指出，人的認識雖然來源於感覺，但不是來源於某一種感覺，而是來源於全部感覺。感官之間是相互補充的。天生盲人沒有視覺，但其他感官可以設法彌補。而且，更為重要的是盲人和明眼人一樣具有理性，盲人儘管失

---

❸　同❷。

❹　同❹，第十七卷，頁302。

明，但有記憶能力，善於組合經驗，能夠根據感覺經驗推理判斷，
具有很強的思考能力。感覺是認識過程的一個階段，並不是認識的
全過程。狄德羅強調，通過桑德遜的事例可以得出這樣的結論：不
但要重視觀察，而且要重視思考；不但要重視經驗的歸納，而且要
重視理性的演繹；不但要重視感性經驗，而且要重視理性思維。

　　孔狄亞克強調感覺、輕視理性在認識過程中的作用，但尚未把
經驗論的認識論推向極端。推入極端的是愛爾維修。1758年愛爾
維修因發表《論精神》一書引發《論精神》和《百科全書》同時被
禁。但是平日的親密友誼和著作同時被禁的共同命運，並沒有減弱
狄德羅對愛爾維修經驗論缺點的批評。狄德羅一方面肯定《論精
神》是一部巨著，堅持了唯物主義原則，認為《論精神》雖然比不
上孟德斯鳩《論法的精神》和布封《自然史》，卻仍然算是一部偉
大著作，作者試圖總結人類的精神活動的雄心是值得肯定的。另一
方面，狄德羅尖銳批評《論精神》把感覺在認識中的作用過分擴大
的錯誤。他說：「《論精神》的作者將精神的一切活動都歸於感
覺。意識和感覺，在他看來是一回事。判斷和感覺，也是一回事。
……他不懂得人和動物的區別，機體組織之間的差別。」❺狄德羅
說要是十年以前出版這部著作會使人有耳目一新之感，但是今天不
行了，哲學思想取得了這樣的進步，人們已經在這部書中找不出多
少新東西了。其實這裡說的是狄德羅自己的感受，十年之間的變
化，狄德羅已經從一個追隨伏爾泰、信奉自然神論的哲學新秀，轉
變為堅定的無神論者，並且認識到經驗論的缺欠，力圖使實驗哲學
和理性哲學結合起來的哲學家了。狄德羅在哲學研究上已經有了長
足進步，他的朋友還停留在洛克的水平，如此而已。後來，在

---

❺　同❹，第二卷，頁267–268。

1773年至1774年期間，狄德羅又寫了《對愛爾維修「論人」一書的反駁》一書，更系統地批評了把思維歸結為感覺和等同於感覺的極端經驗論的錯誤。

愛爾維修從唯物主義的感覺論出發，把人的一切精神活動以及其他社會活動的原因都歸結為感覺，從正確的前提推論出錯誤的結論，狄德羅認為錯在推得過遠，只需加以限制就可以糾正，實際上指出愛爾維修的錯誤在於片面誇大了感覺的作用。

早在《論精神》一書中，愛爾維修就認為人有兩種認識能力，一種是接受外部事物作用於人的感官所引起的印象的感覺能力，另一種是保持外部事物作用於人的感官時所引起的印象的能力，後一種就是回憶。這兩種能力，都可以歸結為感覺。在《論人》中，愛爾維修更把感覺和判斷混為一談，斷言判斷就是說出所感覺。為此狄德羅說：「傻子能感覺，可是也許不能判斷。完全沒有記憶的生物有感覺，但不能判斷；判斷要以兩個概念的比較為前提。」❺❻狄德羅認為比較是理性活動的功能，是思維的重要內容。他主張把感覺和判斷區別開來，實際上就是要求區分感性認識和理性認識。狄德羅一貫反對將思維歸結為感覺，也反對將二者混為一談。

在批評愛爾維修時，他還從人的機體組織作用方面論證了思維與感覺的不同。他說，人以五官進行感覺，頭腦進行思維，它們各司其職，是身體不同器官的不同功能。他寫道：耳朵觀察和比較嗎？不。眼睛觀察和比較嗎？也不。它們接受印象，比較是在另一個地方進行的。這種活動（指比較——引者）不屬於任何感覺器官，比較在哪裡進行？我想是在大腦進行。愛爾維修說人的五官是五個見證人，一切認識都是由此而來。狄德羅說：「是的，這是五

❺❻　同❹❺，第二卷，頁300。

個見證人，但是法官和錄事在哪裡呢？還有一個特殊的器官，即大腦，五個見證人都要向他彙報。」❺狄德羅的比喻實際上是說，感覺和思維有質的不同，但又不是沒有聯繫，感官獲得的材料要由思維加以整理和鑑別，思維則要由感官提供材料。

狄德羅主張將感性和理性結合起來，但首先要把感性認識和理性認識區別開，把感覺和思維區別開，反對把思維歸結為感覺，反對把二者混為一談。他所謂結合既不是強調理性抹煞感性在認識中的作用，也不是強調感性使理性淹沒在感性之中，而是要認清二者各司其職，認識才可能形成。他堅持認為：「物體作用於感官；在感官中的感覺有一段延續的時間；感官作用於大腦，這個活動也有一段延續的時間。沒有一種感覺會是簡單的、轉瞬即逝的，如果允許我解釋這一點的話，這是一種束。思想和判斷就是由此產生的。」❺這段話清楚地表達了狄德羅對認識過程的認識，同時也反映了狄德羅認識論的唯物主義性質。愛爾維修的認識論也堅持了唯物主義，他們的區別在於，狄德羅強調思維在認識中的作用，主張感性和理性結合。他認為感覺是模糊的、被動的，經過理性主動的工作，可以變成清楚明白的觀念。在這些觀念的基礎上大腦進行組合、比較、聯繫，於是有了判斷。狄德羅認為認識達到這一步並沒有完結，因為觀念和判斷還只是頭腦中的東西，理性必須再回到感性，才可以說認識過程的完成。狄德羅由此提出理性、思維的結果交由實驗檢驗的思想。

把實驗看作認識過程的重要階段，這種把「行動」引入「思考」的作法在西方哲學史上前無古人。這既體現了他把感性與理性

---

❺　同❹，第二卷，頁318。

❺　同❹，第九卷，頁313。

結合起來並最終實現實驗哲學和理性哲學結合的願望，也表達了他
關於認識從感性到理性再回到感性的思想。狄德羅認為認識是一個
過程，實驗是從理性返回的認識階段，是更高層次的感性。狄德羅
說：「我們有三種主要的方法：對自然的觀察、思考和實驗。觀察
搜集事實；思考把它們組合起來；實驗則來證實組合的結果。」❺⑨
認識的這三種方法同他所說的認識是感覺、思考、感覺的全過程是
一致的。狄德羅把實驗看作感性和理性結合、實驗哲學和理性哲學
結合的關鍵步驟，對擯棄經驗論和唯理論各自的片面性、尋求檢驗
認識的真理性標準作了可貴的探索。雖然狄德羅所謂實驗，指的主
要是科學實驗，與人類廣泛的社會實踐比較，範圍還相當有限，但
仍然是狄德羅對認識論發展的重大貢獻。

　　強調實驗在認識過程中的作用是狄德羅力求克服經驗論和唯理
論各自的片面性而取得的重要哲學成果，他對認識論中的另一範疇
「假說」的意見，同樣鮮明地體現了他要把唯理論和經驗論結合起
來的願望。

　　經驗論是重視實驗的，但經驗論者把理性歸結為感性，達不到
對事物本質的認識。同時，經驗論反對假說，也不利於掌握真理。
在對待「假說」上，經驗論和唯理論的看法截然對立。牛頓主張自
然哲學只能從經驗事實出發去解釋世界，應該力戒假說。他說，任
何不是從現象中推論出來的說法都應當稱之為假說，而這樣一種假
說，無論是形而上學的或是物理學的，無論是屬於隱蔽性質的或者
是力學性質的，在實驗哲學中都沒有它們的地位。在實驗哲學中，
命題都是從現象推出，然後通過歸納而使之成為一般。笛卡爾派與
牛頓的經驗論作法完全不同，他們試圖從宇宙整體出發解釋自然和

---

❺⑨　同❸①，頁61。

對自然現象作出統一的說明，從而提出了一系列假說，最著名的是笛卡爾宇宙生成說，即所謂「旋渦理論」。應該說實驗哲學和理性哲學，或者說經驗論和唯理論對待假說問題的態度各有短長。牛頓的學說在具體問題上與觀察的現象相符，但不注意、不想也不能說明統一的自然整體；笛卡爾的理論在具體問題上常常作出錯誤的說明，但渾然一體，能對自然整體作出統一的解釋。

在十八世紀法國唯物主義哲學家中，因傾向經驗論，伏爾泰和孔狄亞克等人對假說持否定態度。伏爾泰認為，應該做到像波義耳(Boyle, 1627–1691)、伽利略和牛頓的著作裡講的，去觀察、衡量、計算和測定，但是不要猜測。孔狄亞克說：「至於假設，那是無知的一項非常重要的手段，是非常方便的；想像力非常舒適、毫不費力地就把它們造出來了：這是躺在床上創造世界，統治天下。這一切頂多不過是一種夢想，一個哲學家是很容易夢想的。」❻狄德羅不像伏爾泰、孔狄亞克那樣一概反對假說，認為假說在認識事物中還是有價值的，假說不論對科學還是對哲學有時都是必不可少的。他指出，由於科學的進步，牛頓的學說已經不能解釋化學、物理學和生物學中的某些現象，有的學者試圖尋找新的解釋，這些新的解釋往往就以假說的形式出現。他說：「化學上的最簡單的實驗操作，或關於小物體的基本物理學，已使人求援於一些遵循別的法則的引力；而因為用引力、慣性、可動性、不可入性、運動、物質或廣表不可能解釋一個植物或一個動物的形狀，所以哲學家包曼假定在自然中還有別的一些屬性。」❻狄德羅並不同意包曼即莫柏都依假說的內容，但他肯定包曼用假說解釋這些自然現象的作法。作

---

❻ 同❻，頁109。

❻ 同❻，頁91。重點為引者所加。

為一種推進對事物認識的方法，狄德羅肯定假說。他自己就提出過這樣一個假說：在《對自然的解釋》中，狄德羅說是否可以假設「自古以來就只有一種最初的動物，是一切動物的原型，自然只是把它的某些器官拉長一下，縮短一下，形狀改變一下，數目增多一些，或磨滅掉一些。」❷他指出，不論這一哲學的猜測被認為是真的，還是被看成假的，但人們將不否認應該把它看成是對實驗物理學的進步、對理性的哲學的進步和對生物學的發現和解釋所必需的假設。狄德羅不是要論證自己的假說正確與否，而是強調假說作為對客觀事物的認識手段，對哲學和科學進步的重要性。

狄德羅認為提出某種假說和猜測不應該是任意的。假說應該以觀察為基礎，以事實為依據。在觀察的過程中，人們要盡可能收集事實，在觀察到的材料和收集的事實的基礎上進行思考。思考的過程中根據觀察到的事實可以提出猜測和假設，但要避免毫無根據的「拙劣的猜測」。假說要受事實的制約，而且必須接受實驗的檢驗。

狄德羅不同意經驗論者否定假說，但肯定他們強調實驗的認識價值，正如他肯定唯理論構築體系的優點但批評它忽視觀察和實驗的缺陷一樣，他的最終目的是使經驗論和唯理論的優點結合在一起，建立起包括既要假說也強調實驗的健全的認識論。

綜上所述，狄德羅在經驗論和唯理論經過十七世紀的發展，到了十八世紀形成截然對立的兩種認識論原則時，率先覺察到這兩個哲學流派都已走向極端，在自然科學蓬勃發展、社會變動風暴即將來臨的時代背景下，客觀上需要一種新的認識論哲學原則，克服所謂實驗哲學和理性哲學的片面性和絕對化傾向，建立新的認識論體

---

❷　同❸，頁60。

系，把經驗論和唯理論的合理因素結合起來，突破形而上學的思想方法，使唯物主義哲學提昇到新的高度。當然在狄德羅那裡，這只是一種探索，是一個開端，他的論述的不自覺、不清楚、不完善之處，正表明開創者探索的艱難和所取得的每一成績的創新價值。狄德羅之所以能提出將實驗哲學和理性哲學結合起來的觀點，也像他在物質論中對物質運動動力問題的探索一樣，是由於他的哲學思想中滋生了一個他的同時代哲學家嚴重缺乏的因素——辯證思維。

四、如何評價狄德羅的辯證法思想

經過本章前三節的討論，讀者已經對狄德羅的哲學思想有了總體的瞭解，並且對狄德羅哲學思想中十分突出的辯證思維有所認識。現在我們再集中研究一下如何評價狄德羅哲學思想中的辯證法因素、他的辯證法思想在西方近代哲學史中的意義等問題。

在討論狄德羅關於物質與運動理論時，我們從西方唯物論發展史的角度已經表明，正是辯證思維使狄德羅完成了唯物主義從自然神論向無神論轉化的歷史課題。由於狄德羅論證了物質自己運動原理，克服了從牛頓、洛克到伏爾泰、孔狄亞克等人囿於經驗論的形而上學思想方式，無法解決「物質何以運動」的難題而不得不承認「神的推動」的缺陷。狄德羅的辯證法思想是法國唯物主義得以從自然神論形態發展為無神論形態的關鍵。

不僅是與自然神論者的形而上學相比狄德羅的辯證法顯示出優越性，與法國唯物主義的無神論哲學家相比，也顯示出辯證思維使狄德羅的思想更為深刻，貫徹唯物主義原理更為徹底。以霍爾巴赫為例。霍爾巴赫也認為「物質是運動的本原」❸，並把運動分為由

外力推動的「獲得的」運動和運動原因深藏於物體內部的「自發
的」運動兩類。但是他又認為，自發的運動的原因只是過於隱蔽使
人無法看出而已，因此「嚴格講來，在自然界不同的物體中，就絕
沒有什麼自發的運動」❻。霍爾巴赫這樣說，主觀上並不是要否認
物質自己運動，而是認為每一物體的運動都是由於外部原因引起
的，這些外部原因有的隱蔽，有的明顯，不過整個自然的運動都是
由於物體彼此之間有不斷的作用和反作用。對於整體的自然，運動
在於內因；對於個別物體，運動在於外因。霍爾巴赫的這種說法勢
必產生如下問題：個別物體都是由外部的相互作用獲得運動的動
力，那麼是什麼力量使這許多個別物體之間開始相互作用的呢？從
邏輯上說，霍爾巴赫在這裡顯然有一個漏洞。與霍爾巴赫不同的
是，狄德羅不但承認物體之間的相互作用，而且認為相互作用的背
後還有更深刻的原因存在。這就是組成物體的各種分子的能動性。
分子內涵的、固有的力引起分子從內部向外部的活動，從而引起分
子之間的運動。狄德羅說：「作用於分子的力是會消耗的；分子內
部的力是決不會消耗的。」❺也就是說，狄德羅認為無論是由分子
組成的物體還是組成物體的分子，都具有運動的稟性。提出分子內
部的力發動了分子間的運動和物體的運動，這才真正賦予了「物質
自動」的判斷以邏輯的力量。借用美國學者A.瓦丹尼安(Aram Var-
tanian)的話說，這才是「狄德羅的辯證法真正指出的自然自因的概
念」❻。

❻　霍爾巴赫：《自然的體系》下卷，中文版，管士濱譯，商務印書館
　　1977年版，頁117。
❻　同❻，上卷，1964年版，頁21。
❺　同❸，頁113。

應該說如果只認識到「物質自動」還不能算是徹底的辯證法思想。「物質自動」可以排除「神的推動」，卻不能完全排除形而上學，因為是否承認物質運動的源泉在於物質內部的矛盾性才是辯證法和形而上學的真正分歧所在。狄德羅的可貴之處在於，他沒有停留在梅里葉早已提出、霍爾巴赫反覆論證的「物質自動」水平，而是看到物質內部分子之間相互吸引的同時，還存在分子之間的「抵抗作用」，而且提出這種抵抗作用也來源於「每一個分子的內部動力」。顯然，狄德羅已經觸及到一切運動的基本形式正是吸引和排斥兩極對立這樣的辯證法命題。狄德羅研究者G. 柯洛克(G. Crocker)說：「狄德羅的宇宙過程的概念是由基本的二重性組成的，即兩種相反的能動力量之間永不休止的鬥爭。能力和變化是物質的基本性質，它們是永存的，不過它們卻分為兩個相反的方面。用擬人的術語來說，同一種力既經常尋求構成、次序和穩定性，同時又經常打破平衡狀態，產生混亂。」❻可惜的是狄德羅沒有再進一步，把這種「相反的能動力量之間永不休止的鬥爭」即關於兩極對立的認識深入到分子內部，儘管他已經提到分子之間吸引和「抵抗」來自分子內部的「活動力」，但這只是從吸引和排斥兩極看同一個「力」，力並沒有分化，沒有把吸引和排斥看作是分子內部對立雙方的相互作用。實際上，這種力的觀念注意的不是運動的起源，而只是運動的作用。力本質上並沒有自身分裂為二，而是作為單一的活動力出現的，從這個意義上說，「力」這個字是片面的。狄德羅

---

❻　A. 瓦丹尼安：《狄德羅和笛卡爾》英文版，普林斯頓大學出版社
　　1953年，頁89。

❼　G. 柯洛克：《狄德羅的混亂秩序》英文版，普林斯頓大學出版社
　　1974年，頁9–10。

把物質運動的根源歸之於分子內部的「活動力」，不能理解分子內
部也有矛盾的對立雙方，這個力正是分子內部矛盾引起的，因而從
根本上說，他的哲學思想並沒有真正擺脫機械唯物主義的窠臼。這
是時代的局限，是自然科學發展水平的局限，物理學還要經過許多
年才能深入瞭解物質分子的內部結構，在此之前，狄德羅只能把這
個「力」當作避難所。

　　狄德羅物質論所蘊含的辯證法思想是豐富的，上述之外，這裡
還應著重談一談狄德羅對事物普遍聯繫和相互轉化辯證法則的猜
測。

　　狄德羅已經產生無機界和有機界相互轉化的思想以及初步的進
化論觀念，突出顯示了辯證思維使他比其他法國唯物論者站得高一
些，看得遠一些。狄德羅發現事物之間質的區分沒有絕對界限，彼
此之間沒有不可逾越的鴻溝，一切都處於相互聯繫之中並且可以轉
化。狄德羅舉大理石分化為土壤再成為植物的營養、最後成為人的
食物並變成人的肌肉這樣一個發展變化的鏈條為例指出，大理石通
過一系列中介變成了人的一部分，無機物和有機物可以相互轉化。
他說：「自然中一切都是相聯繫的」❻❽，「如果現象不是彼此聯繫
著，就根本沒有哲學。」❻❾狄德羅還吸取布封和莫柏都依的研究成
果，嚴厲批評了形而上學的「預成論」。預成論主張物種不變，生
物中存在「預存的種子」。狄德羅指出，人們對先有雞後有蛋，還
是先有蛋後有雞的問題所以感到困惑不解，就是因為他們「假定了
動物原來就是它現在這樣」❼⓪，把現存的一切東西都看成萬古不變

❻❽　同❸❶，頁124。

❻❾　同❸❶，頁104。

❼⓪　同❶❺，頁366。

的，他們不瞭解每一個生物及其物種都有其發展變化的過程。他說，在關於動物最初形成的問題上，人們不應該把注意力和思想固定在已經形成的動物上面，而應該上溯到它的最初的根苗，回到它還只是一個柔軟的、纖維狀的、無定形的、蛆蟲似的、不大像一個動物而頗像一棵植物的根塊的物質的一剎那才行。

狄德羅關於無機界和有機界相互轉化的思想和對「預成論」的批評，對拉馬克(Lamarck, 1744–1829)的生物進化思想產生了積極影響。進化論最終在達爾文那裡形成系統完整的理論。狄德羅的上述議論不失為進化論的先聲。

狄德羅的辯證法思想在認識論裡的反映，集中體現在他關於實驗哲學和理性哲學聯盟的主張裡，具體內容前文已作較為充分的評述，這裡我們所要強調的是，儘管狄德羅批評了愛爾維修等人經驗論的狹隘性，提出在感官和經驗達不到的地方應該運用理性思維，表明他既認識到理性依賴於感性，也認識到感性認識有待於深化，發展為理性認識。但是他關於把感性認識和理性認識結合起來的辯證法思想仍然是十分初步的，只能說它是有關人類認識問題辯證思維的出發點。事實上狄德羅並不真正理解理性認識的本質。根本上說，理性認識是一種科學的抽象。狄德羅恰恰不理解什麼叫科學的抽象。他認為「根本就沒有什麼抽象」，「所有的抽象都不過是一個沒有觀念的記號」。❼這說明狄德羅完全不瞭解個別和一般的關係，不能從根本上克服經驗論中的唯名論傾向。

但是這樣說並不貶損狄德羅辯證法思想的價值，反而表明擺脫形而上學機械論的困難。因為認識論問題是一個十分複雜難解的課題。從中世紀唯名論和唯實論的爭論到近代經驗論和唯理論的對

❼　同❸，頁187。

立,真是難分難解莫衷一是。隨著自然科學的發展和人類認識手段的增強,直到萊布尼茲和狄德羅才為這個歷代哲學家在黑暗中長期摸索的領域投來一道曙光。萊布尼茲站在唯理論立場上,開始吐露將唯理論和經驗論結合起來的意圖;狄德羅站在經驗論立場上,在萊布尼茲的啟發下,試圖組成實驗哲學和理性哲學的「聯盟」。儘管哲學家們劃分為唯物主義和唯心主義的對立營壘,在探討人類認識問題上卻開始了殊途同歸的歷程。在萊布尼茲和狄德羅之後,康德(Kant, 1724–1804)做了新的嘗試。康德面臨的任務就是進一步把感性和理性結合起來,但是他只是將二者揉合在一起,並沒能真正實現二者的辯證統一。這種統一是以絕對唯心主義的方式在黑格爾(Hegel, 1770–1831)那裡完成的。把狄德羅有關認識論諸問題的思想,特別是他關於將實驗哲學和理性哲學結合起來的意見,放到人類認識史這樣的大背景下考察,其辯證思維的價值和意義就不言而喻了。

綜上所述,在機械論和形而上學占據統治地位的十八世紀法國哲學界,狄德羅的哲學思想卻一枝獨秀,處處顯露出辯證法的思想火花,十分難得,十分可貴。狄德羅這些辯證思維成果,是已經走到極端的機械唯物主義開始形態轉化的前兆,是形而上學土壤中孕育的辯證法的胚胎和萌芽,他承前啟後,代表了從形而上學向辯證法過渡的必然趨勢。

第三章　狄德羅的社會哲學

一、狄德羅對「自然法」的理解

　　狄德羅在哲學上的成就似乎掩蓋了他的社會思想的光彩。長期以來，人們對他的自然哲學的研究遠遠多於對他的社會思想和政治觀念的關注。然而歷史的真實卻是，作為一個高舉反封建民主主義大旗的啟蒙學者，狄德羅在理論上和實踐上都與十八世紀法國的社會問題和政治現實密不可分。僅以他的著作而言，狄德羅在完成一系列哲學名篇的同時，寫出了《拉摩的侄兒》、《布甘維爾遊記補遺》、《對愛爾維修「論人」一書的反駁》、《評葉卡捷琳娜二世的詔書》等有關社會政治問題的專論。特別是他主編的《百科全書》所載社會問題和政治理論方面的重要辭條，大部分都是狄德羅親自撰寫的，更是他的社會哲學思想的集中表述。即使不是他親自撰稿的辭條，由於他是主編，每個辭條，尤其是涉及當時法國社會某些十分敏感的現實問題的條目，都經過了狄德羅的編輯加工，在很大程度上也反映了狄德羅個人的觀點。狄德羅關於社會和政治的思想，在當時具有重大啟蒙價值，在後世具有珍貴的學術價值，是狄德羅留給人類的優秀遺產。

狄德羅像十七、十八世紀幾乎所有的思想家一樣，他的社會哲學也是建立在當時流行的「自然法」理論基礎之上。

「自然法」本來是一個古老的法學概念，是「實在法」的對稱，指的是制訂各種實在法的法學原理。在古希臘羅馬時代，人們認為自然法是從自然中引申出來的法律原則；中世紀法學家認為自然法是神意的體現；十七、十八世紀的哲學家、法學家和政治理論家沿用這個概念，泛化為基於人性的某種社會秩序、倫理和法權，認為自然法是人類理性的表現，是自然存在的、永恆不變的、一切人應該共同遵守的行為規範，史稱自然法學派。格老秀斯(Grotius, 1583–1645)、霍布斯、洛克、盧梭等人都是自然法學派的代表人物。以荷蘭法學家和政治理論家格老秀斯為例，他是近代自然法理論的創始人之一，他發展了古希臘羅馬哲學中的自然法思想，以社會契約說解釋國家的起源，主張一切實在法都應符合自然法的原則，人民和統治者都應接受自然法的約束。

自然法理論從抽象的人性出發，主觀主義地設想原始人類的生活圖景，即所謂人類童年的「自然狀態」和「自然秩序」，同時脫離人的社會性和階級性來談人的「自然權利」，追求所謂「合乎自然」的理想社會原則，是一種唯心主義的歷史觀。但是，自然法理論是針對基督教神權和宗教歷史觀提出來的，因此又具有反對宗教神學和封建統治的歷史進步性，幾乎為當時所有進步思想家所信奉，是產生了巨大歷史影響的學說。

狄德羅同樣信奉和推崇自然法理論。在他關於社會問題發表的各種意見中，無不直接間接以自然法理論為立論根據。他親自為《百科全書》撰寫了〈自然法〉辭條。❶在這個辭條中，狄德羅對

---

❶ 關於《百科全書》中〈自然法〉這一條目的作者是誰的問題，學

他所理解的自然法作了多方面的說明。他開宗明義說:「自然法就是我們的行為必須以之為規範的那種永恆不變的秩序。它的基礎是善與惡之間的本質區別。」❷這是狄德羅為自然法所下的定義。他引述西塞羅 (Cicero,前106-前43) 的話加強自己的定義:「自然法並不是人心製造出來的東西,並不是各個民族制定出來的一種任意的規定,而是那個支配宇宙的永恆理性的印記。」❸經過一系列論述以後,狄德羅歸結自己的思想說:「自然法是以極美的字跡書寫在我們心中的,措詞極其有力,形象極其光輝,因此是根本無法否認的。」❹綜合這些定義和結論式的語言,可以看出狄德羅所理解的自然法有三個特性,這就是:自然法是天性法;它的基礎是人性善惡;它體現了人類理性。

所謂自然法是天性法,是說它不是經驗法,而是人性所固有的、不可更改的自然規律。狄德羅認為人的本性中先天具有自然法的內容。一切人不分時代和國別,都能同樣區別善與惡、正義與非正義。正是這種每個人都具有的區分善惡的本性構成自然法的基礎。人這種區分善惡的本性從何而來呢?狄德羅認為源於人的理性。在他看來,只要是人,就有理性,具有理性而不懂得什麼叫自然法的人是沒有的。他說:「善與惡之間的永恆區別,神聖不可侵犯的正義規範,是不難得到一切從事思考和推理的人的贊成的;因

者們是有爭論的,本書採用于貝爾(Hubert R.):《盧梭和「百科全書」》(巴黎1928年法文版) 的說法,這也是大多數研究者的意見。

❷　《十八世紀法國哲學》,頁425。

❸　同❷,頁427。

❹　同❸。

為沒有一個人會在緊要關頭自願地違犯這個規範，而並不感到這樣做違背自己的原則、違背自己理性的認識，並不暗暗地責備自己。相反地，沒有一個人在按照這個規範行動之後不對自己感到滿意，不嘉許自己有力量抵抗這些引誘，做了自己的良心認為善良正義的事。」❺

通過對自然法的詮釋，狄德羅實際上為衡量一切人定法是否合理確立了一個標準。也就是說，既然自然法源於人性、立足善惡、體現理性，那麼凡是符合自然法精神的人定法就是合理的，違反自然法原則的立法就是不合理的。根據同樣的邏輯，凡是符合自然法的社會制度就是合理的社會制度，凡是違反自然法原則的社會制度就是不合理的、應予改變的社會制度。狄德羅用自己理解的自然法原則，一方面與其他自然法理論的擁護者討論自然法的「真諦」，另一方面把批判的矛頭直指封建專制統治，揭露封建制度和封建法律違反自然法原則。

自然法學派的整個體系，不限於狄德羅闡發自然法本質的這些先驗論的內容，它還包括對所謂人類「自然狀態」的描述和對「自然權利」的論證。

根據自然法學派的理論，所謂自然狀態，指的是在原始社會，在國家產生以前，原始人只按照自己的本性而在其中生活的人類狀態。自然狀態下生活的人叫自然人，也被稱為野蠻人，以區別於文明社會的文明人。由於對自然法原則的不同理解，自然法學派的各位代表人物對人類自然狀態的設想是不一樣的。狄德羅認為人類最初生活的自然狀態是一種人人平等、沒有暴力和法律、大家和睦相處的社會狀態。在《百科全書》中可以找到不少讚美原始時代的習

❺　同❷。

俗、原始狀態的純樸和把自然人的美德與文明人的惡習進行對比的地方。狄德羅在〈主權者〉辭條中說，人們在自然狀態下不知道國家權力為何物，他們之間的關係是平等的。原始人之間產生爭執並不一定訴諸武力，他們能夠意識到行為的正義性或非正義性。他說，假如在任何一項社會契約產生以前，一個野蠻人正爬到樹上摘取果實，此時又來了另一個野蠻人，後者把前者的勞動果實據為己有，那麼他一定會帶著自己的虜獲物逃走，後者以逃跑的事實暴露出他意識到自己行為的非正義性，前者也會意識到他受到了欺負。狄德羅說，由此可以看出，這些野蠻人在他們達成協議共同遵守某些行為準則之前，他們也會有某種足以判斷行為特點的原始法律。

在《布甘維爾遊記補遺》這部著作中，狄德羅描繪了一幅他心目中的人類自然狀態和自然秩序的風情畫，生動形象地表達了他的自然法思想。布甘維爾(Bougainville, 1729–1811)是一位法國航海家，1766年至1769年完成了環球航行，航行過程中發現太平洋上的許多島嶼，1771年發表了環球旅行報告。狄德羅假借公佈布甘維爾旅行筆記未發表片斷的名義，用文學手法描述了南太平洋塔希提島土著居民自然狀態下的生活。狄德羅說：塔希提人處在世界的原始階段，歐洲人處在世界的老年時期。塔希提人與我們之間的距離，比兒童與衰老的人之間的距離還要大。與歐洲社會複雜的生活不同，塔希提人未開化的生活是簡樸的。當沒有什麼威脅到他們的安全時，他們是質樸而又溫順的。有時他們是殘忍的，但這是由於需要經常不斷地防禦野獸的緣故。塔希提人最深刻的感覺是自由感。他們無法理解我們的習俗和我們的法律，他們「在我們的習俗和法律中無非看到一些以成百種不同的方式偽裝起來的枷鎖，這些枷鎖只能引起一個愛自由比愛任何東西都深切的人忿怒和蔑

視。」❻塔希提人是嚴格地遵循自然法的人，他們比任何一個文明民族的人更接近良好的立法。天然無政府狀態的、粗魯野蠻的自然狀態，比文明更美好。狄德羅還具體敘述塔希提人的原始生活說：在結識歐洲人以前，「財產」一詞對塔希提人沒有意義，因為他們的一切都是公有的。他們共同從事農業勞動，彷彿是一個統一的家庭，這個家庭遵循兩條準則：共同利益和每個成員的利益，使二者很好地協調起來。在塔希提人那裡，性交是自由的，社會撥出六分之一的收入撫育兒童和贍養老人。狄德羅說，只是由於歐洲人的到來，才促使塔希提人的善良習俗解體。

在狄德羅所描寫的這個烏托邦故事中，他還專門塑造了一個塔希提老人的形象，這位老人既像歷史宣判者，又像哲學家狄德羅的化身，在塔希提人送別布甘維爾一行時發表了激動人心的長篇演說，狄德羅通過老人的嘴熱情讚美塔希提人自然狀態下的自然秩序，尖銳譴責歐洲人的「文明」帶給塔希提人的苦難。塔希提老人對布甘維爾說：「你，你這個率領匪徒的頭子，趕快開船離開我們的海岸。我們淳樸，我們是幸福的，你只能危害我們的幸福。我們遵從純粹的自然本能，你卻打算從我們心裏抹去它的痕跡。我們這裡一切都歸大家共有，而你卻向我們宣揚一種莫名其妙的分別，分開你的與我的。……我們是自由的，而你卻在我們的土地上埋下了使我們將來作奴隸的文契。你既不是神，又不是鬼，那麼你是什麼東西，居然使人作奴隸?」❼狄德羅假塔希提老人之口，憤怒譴責「文明人」對「野蠻人」的奴役，他讓老人間道：你要想抓住當畜牲使喚的塔希提人是你的兄弟，「你們倆都是自然的產兒，你有什

---

❻　同❷，頁416。

❼　同❷，頁417–418。

麼權利壓迫他，而他無權支配你?」❽老人對布甘維爾說，你來到塔希提島，我們並沒有攻擊你，沒有搶你的船，沒有向你射出對付敵人的箭，沒有捉住你強迫你在我們的田地上幹牲口幹的活等等，因為「我們尊敬你身上的我們的形象」❾。老人說:「你得讓我們遵從我們的風俗，這些風俗要比你的更明智、更正直;我們不願意放棄你們所謂我們的無知來換你那些無益的知識。凡是我們所必需的、對我們好的東西，我們都有……餓的時候，我們有東西吃，冷的時候，我們有東西穿。」❿狄德羅讓塔希提老人在「文明人」面前自豪地展示「自然人」的優越性，他藉老人之口說:「你瞧這些男人，看看他們多麼端正、健康、強壯。你瞧這些女人，看看她們多麼端正、健康、鮮艷、美麗。你拿起這張弓，這是我的，叫你的一個、兩個、三個、四個同伴幫助你，你們使勁拉開它。我一個人就把它拉開了。我種田，我爬山，我開通森林，我在平原上不到一個鐘頭走四十多里路。你那些年輕的伙伴很難跟得上我，可是我已經活了九十歲了。」⓫

　　狄德羅通過對塔希提人平等自由生活的描述，圖解了他對人類原始生活即「自然狀態」和「自然秩序」的理解。狄德羅除正面闡發自己對「自然狀態」的理解以外，他還駁斥了霍布斯和盧梭關於原始人類自然狀態的意見。

　　狄德羅不同意霍布斯認為人性本惡和原始人類處於相互殘殺的戰爭狀態的觀點。狄德羅說:「決沒有一個人浸透了霍布斯的原

---

❽　同❼。

❾　同❼。

❿　同❼。

⓫　同❷，頁419。

則，處在他的自然狀態中，在同樣可以自由選擇的條件下，為了自己的生存，本來並無把別人殺光的必要，卻一定非把他們殺掉不可。」⓬狄德羅也不同意盧梭關於原始人離群索居、自由自在、彼此沒有任何社會聯繫的觀點，反對盧梭對文明的攻擊和追求歸樸返真、要求歷史車輪倒轉的幻想。狄德羅譏諷說：「我感到要脫光衣服或者穿上獸皮是太困難了。」⓭他指出，交往的願望是人的特性，盧梭把自然狀態看成是一種非社會狀態是不對的，盧梭關於自然人之間由於沒有聯繫、沒有接觸也就沒有戰爭、沒有奴役的觀點也是錯誤的。狄德羅說，人生來就要在社會中生活，離開了社會人就不成其為人，他不僅不能獲得幸福，甚至不能保住生命。自然賦予人兩種東西，一是理性，二是社會性，這是人比動物優越的地方。正是人的理性和社會性，個體的人聯合成社會，以便用共同的努力為自己獲得一切必要的東西。在狄德羅看來，所謂自然狀態就是沒有政治機構的社會形式。狄德羅說：「人們像集合成群的弱小動物一樣，按照本能而結合在社會裡。他們之間最初當然沒有任何協議。」⓮

在狄德羅的自然法思想中，回答人類的自然狀態是如何結束的和國家與法律是如何產生的等問題，是題中應有之義。狄德羅對於這一邏輯要求的答案是他的社會契約論。

社會契約論並非狄德羅首創，格老秀斯、洛克和霍布斯等人在狄德羅之前早有論述。但是狄德羅進行了自己的探索，並賦予這一

⓬　同❷，頁426。

⓭　轉引自沃爾金：《十八世紀法國社會思想的發展》中文版，楊穆、金穎譯，北京商務印書館1983年版（下同），頁116。

⓮　同⓭。

理論以鮮明的個人特點。狄德羅的社會契約思想在《百科全書》第一卷所載他本人撰寫的〈政治權威〉等條目中有集中反映，這是盧梭名著《社會契約論》（1762年發表）之前對自然法學派這個重要理論最深入的闡釋。

狄德羅認為人類結束自然狀態和自然秩序，進入有政治權威即國家和法律存在的社會狀態，是一個長期的過程。國家和法律的產生，即社會政治權威的產生，不是來自自然，而完全是人為的，它或者來自暴力，或者來自人們的協議即建立契約。狄德羅在《百科全書》〈政治權威〉辭條中寫道：如果說自然樹立了某種權威，那就是父權。可是父權有它的限度，在自然狀態中，只要兒女一能自立，父權即行結束。其他任何權威或權力，全部來自一種異於自然的來源。這種來源有兩個，或者是出於壟斷權威的人的實力和暴力，或者是由於服從權威的人們根據他們與被他們授予權威的人之間所訂立或假定的一種表示同意的契約。狄德羅認為，由於少數人的暴力而來的政治權威或權力是不合理的，因為它違反自然法。只有由契約而來的政治權力才是合理的，因為它是以承認人人享有自由平等的自然權利為前提的。

在論述政治權威或政治權力，即國家和法律依靠契約方式產生的過程時，狄德羅試圖把這個過程與社會存在和發展的物質條件聯繫起來，特別是與社會的物質生產方式和生活方式聯繫起來，在歷史唯心主義的自然法理論中閃耀出唯物論的思想光彩。在《百科全書》中，狄德羅表達了這樣的思想：從自然狀態到建立社會政治組織，人類在悠長歲月中走過了從簡單地採集果實到狩獵和捕魚，從狩獵和捕魚到畜牧，以及最後從畜牧到農耕的漫長過程。在過渡到農耕以前，人們過著游牧生活，是農業使他們定居下來。農業的發

展導致瓜分土地，確定土地所有權和分工，最後使社會契約和政治組織的建立成為歷史的必然。

狄德羅認為自然狀態最突出的特點是社會成員之間的平等和自由。但是在自然狀態下，這種自由和平等缺少保障，經常遭受暴力的威脅。於是人們協議訂立契約，每一個人都放棄自己的部分權利，把它交給一個共同的權威和公共意志，由這個政治權威保障每一個社會成員的自由和安全。這就是政治權力即國家的產生和法律的制定。狄德羅強調人們訂立契約並不是把自己的權利「完完全全、毫無保留地交給另一個人」❺，而只是有保留地交出自己部分權利，並且這一部分權利也可以因契約的終結而收回，另一部分未交出的權利用來監督契約的執行，維護自己的其他權益。例如財產權，人們並不是把自己的一切財產都交給契約產生的權力機構即國家，而是同意僅僅以賦稅的形式交出一部分財產，以便保證自己擁有其餘財產。

社會契約論包涵如何認識政治權力的問題。狄德羅認為，人類結束自然狀態訂立契約，便產生了國家即政治權力。這個國家權力既然來自人民的同意和契約的簽訂，它就必須有益於社會，保障人民的自由和人身安全，只有如此才能得到人民的擁護，才真正具有權威性。一旦統治者濫用職權，侵犯人民的人身自由和個人財產，人民就可以不服從它，並有權反對它。

狄德羅超越格老秀斯、霍布斯等人的社會契約思想，強調社會契約的自由民主性質。他指出，政治權力的實質在於只有人民才是政權的所有者，只有人民才是真正的立法者。儘管政權可以為一個家族所繼承，或者是掌握在一個單獨的個人手中，但政權不是個人

❺　同❷，頁428。

財產。政權本質上只屬於人民。不是國家屬於君主，而是君主屬於國家。狄德羅說：「政府和公共權威是財產，全民集體是所有主，而君主是其用益者、代理人、受託人」❶。君主是契約的締約參與者，而不是契約之外的「第三者」。君主雖是國家統治者，但仍是國家成員，他的權力是有條件的，要受到自然法和國家法的限制。狄德羅指出，這些條件中的一個條件就是：只是憑著臣民的選擇和同意，才有支配他們的權柄和權威，君主決不能運用這種權威來破壞那個使他獲得權威的法規或契約。狄德羅說：「不取得國民的同意，離開宣佈服從的契約中所表現的選擇，君主是不能任意行使權力，任意處置他的臣民的。」❶ 他認為，來自人民同意的那種權力，必定要有一些條件使它的行使合法，有益於社會，有益於國家，並且使它固定，把它限制在一定的範圍內。如果君主破壞契約，違背法律，違反人民意志，人民就可以剝奪他的權力，重訂新契約，選擇人民所喜歡的政治形式或新的受託人。

在《評葉卡捷琳娜二世的詔書》中，狄德羅曾經替俄國女皇起草了俄國《法典》的導言，在這個導言擬稿中，狄德羅以女皇的口吻寫道：「我們，即人民，和我，即這些人民的君主，共同宣誓維護法律，我們都要同樣受法律的審判。如果發生我即君主改變或破壞法律的行為，則任憑每一個臣民（因為人民的敵人就是每一個人的敵人）解除忠於我的誓言，追究我，推翻我，甚至把我判處死刑，如果形勢要求這樣做的話……不再遵守法律的君主是可悲的，容忍蔑視法律的人民也是可悲的。」❶ 狄德羅的這個擬稿自然令偽

---

❶　轉引自比利：《狄德羅傳》，頁108。

❶　同❷，頁429。

❶　同❸，頁119。

裝開明的俄國女皇反感，但它卻道出狄德羅所理解的社會契約的本
質：人民是政治權力的主人，統治者不能破壞契約和根據契約制定
的法律。

綜上所述，狄德羅的自然法思想儘管不能跳出歷史唯心主義的
窠臼，因而從整體上說是一種非科學的歷史觀，但他在所論及的每
一個問題上都顯示了對自由、平等和民主的追求，以及大膽反對封
建專制主義的鬥爭精神，在十八世紀法國啟蒙運動中發揮了重大啟
蒙作用。他在《百科全書》的〈政治權威〉等辭條中所論述的政治
權力起源於社會契約和主權在民等觀點，比盧梭的《社會契約論》
早十一年發表，更體現了他的社會哲學思想的深刻性。

二、狄德羅反對封建專制主義的政治思想

狄德羅的自然法思想是批判封建專制主義的理論。他運用自然
法理論，借鑑孟德斯鳩的學說，通過對各種政體特點的分析和比
較，揭露封建專制制度的不合理。

狄德羅在《評葉卡捷琳娜二世的詔書》中說，一切專制制度都
是同自然法和社會契約精神背道而馳的。他寫道：「專制君主總是
自作主張地想幹什麼就幹什麼，不遵守任何規定；君主受一定形式
的約束，但是當他需要的時候，他可以不顧這些形式。」「純粹的君
主制是一種壞的統治形式。」❶狄德羅認為，不僅純粹的君主制是
一種壞的統治形式，即使是開明的君主專制也是壞的，開明君主專
制的「優點」也許是最危險、最有害的誘惑。他說：「公正、溫
和、開明然而專制的統治者連續幾朝的統治，對人民來說也許是最

---

❶　同❸，頁124。

大的不幸，因為巧妙的統治會使人民完全忘記自己的特權，陷於徹底被奴役的境地。」❷狄德羅認為，表明專制統治特點的不是君主個人的特性，不在於君主個人性格是開明、仁慈還是暴虐、兇狠，而在於他的權力範圍和治理國家的專橫方式。專制統治依靠的是暴力。專制統治剝奪人民議論的自由、想做什麼和不想做什麼的權利，以及人民在必要時反抗君主意志的權利。在專制制度下，人民被看成一群牲畜，他們的願望根本不被考慮，藉口是他們正被趕往肥沃的牧場。狄德羅說，專制統治下沒有公民只有臣民。公民服從法律，臣民服從君王個人。

狄德羅認為，只有民主政體才同自然法和社會契約的原則相適應，因而是唯一合理的政治體制，因為只有在民主政體下人民才能感到自己是國家的主人，由此激發起保衛國家、勇於犧牲的熱情，形成勤勞、勇敢、友愛、善良的高尚品德。

狄德羅所謂民主政體並不專指共和體制，雖然在批判愛爾維修時他提出過共和制是最理想的政治體制，但是更多的時候，他所說的民主制度指的是君主立憲制。在這個問題上，他的思想與伏爾泰十分接近，這是十八世紀中葉法國資產階級思想家普遍的思想傾向。英國是這些啟蒙學者心中的理想國。

《百科全書》中〈君主立憲制〉條目的作者是柔古(Jaucourt, 1704-1779)爵士。他認為君主立憲制是唯一適合大國國情的政體，這種實行權力制衡的制度可以做到「代表機關阻礙國王成為專制暴君，國王阻礙代表機關變為寡頭政治」❷。柔古自始至終參加《百科全書》編輯工作，為《百科全書》默默奉獻二十餘年，是狄

---

❷　同❶。

❷　詳見《百科全書》法文版第十卷〈君主立憲制〉辭條。

德羅的主要助手和親密戰友，並寫了大量辭條，應該說他的觀點與狄德羅是一致的。事實上狄德羅也不止一次闡發了君主立憲制優越性的思想。例如他在他所撰寫的〈代表〉這個辭條中說：一個人不論怎樣高明，都不能不聽勸告和不靠幫助而統治整個國家。最高權力應該受到嚴格的限制。為了使社會不受君主的侵犯，君主應當放棄一部分權力。整個民族應當向君主派出代表，應當有一個機關以民族的名義發言。無論貴族和高等法院都已不能起到這種作用，貴族企圖代表民族的要求已沒有根據。法國國內已經沒有一個等級能夠具有瞭解其他等級需要的能力和意志，因此沒有一個等級能夠要求享有立法的特權，以代替一切等級決定問題。❷狄德羅認為，只有當人民本身是法律的創造者時，人民才會熱愛和尊重法律，才會服從它和像保護親生子女一樣地保護它。不是君主的專橫命令，而是採取一致決定的千萬人的意志才是法律的基礎。君主放棄的那一部分權力，即立法權應當歸人民代表會議。公民的意志應當經過條理化和經過深思熟慮表達出來，因此只有那些文化程度較高和比較關心公共事務的公民才能充當代表。在《評葉卡捷琳娜二世的詔書》中，狄德羅設想人民代表會議開會時，要討論君主是否遵守法律，如果他破壞了法律，就作出懲罰他的決定，並通過延長君主權能或廢黜君主的決定。

狄德羅認為，組成人民代表會議的代表必須有「財產」或「地產」，甚至認為代表大會「應由大私有者組成」，他實際主張的是有資格限制的代議制，窮人被排除在外。因此他的君主立憲思想中所謂由人民代表行使君主放棄的權力，實際上是代表法國資者向封建統治者要求分權。在啟蒙時代，向英國資產階級學習，限制王

---

❷　參見《百科全書》法文版第14卷，〈代表〉辭條。

權，參與對國家的治理，本來是法國資產階級的普遍願望，狄德羅關於「人民代表」的概念是符合時代要求的。但是排除窮人參與政權，限制窮人管理國家的權利，顯然與他的自然法原則相悖。類似的矛盾在狄德羅的社會哲學中還有不少。事實上狄德羅的社會思想或政治理念表現了相當複雜的多層次性，這個問題本章第四節將有較為詳細的分析。

對於狄德羅來說，談論政治權威的組織形式，即國家的政治體制問題，主要目的在於批判封建專制主義，為法國社會的民主化尋找出路。他除從自然法理論出發演繹社會契約和人民主權原則以外，還利用各種話題宣傳封建專制主義的弊端。例如在為《百科全書》所寫的〈風俗〉這個條目中，狄德羅指出不同政體對風俗所起的不同作用。他寫道：在共和制下充滿了淳樸的風俗、對異教的寬容、溫和、節儉和精打細算的精神，因為共和制只能在經濟活動的基礎上才能生存；在公民參加國家管理的君主立憲制下，自由被看得高於一切，為了捍衛自由，公民們把戰爭看成無足輕重的災難，人民是驕傲的、寬宏大量的、在科學和政治上是開明的，任何時候都不會忘記自己的特權；在婦女產生影響的君主專制制下，榮譽、自尊、殷勤有禮、愛尋歡作樂和講究虛榮是臣民的特點。這種統治還產生游手好閒，游手好閒敗壞社會風氣，文雅的風度加劇這種社會風氣。利用看似與重大社會問題或政治問題關係甚遠的題目揭露現實弊端是狄德羅主編的《百科全書》的風格，〈風俗〉條的上述議論就是這種風格的典型表現。不僅從一般地談論市風民俗與政治體制掛上鉤，而且尖銳譏諷十七、十八世紀法國專制王朝所特有的國王情婦寵嬖干政的惡劣風氣。路易十四時代的曼特農(Maintenon)夫人、路易十五時代的蓬帕杜爾夫人等在法國政壇都曾炙手

可熱。

狄德羅關於政體的議論還有一個精彩之處：狄德羅用辯證法的觀點分析政體和決定政體的根本法。他說，根本法是合法權力的基本標誌，但是根本法的內容和實施方式應當隨著社會發生的變化而變化，不存在經過若干時間而不需要修訂的法典。與此相應，政治體制也不是一成不變的。狄德羅說：「一種政體的情況，一般說來，有如動物的生命，生命的每一步就是走向死亡的一步。最好的政體並不是永遠不朽的政體，而是維持得最長久而且最太平的政體。」❷❸

上述可見，狄德羅對封建專制主義本質的分析是深刻的，他對所謂開明專制政體的意見已經突破十八世紀法國思想界多數人仍然抱有的依靠王權實行自上而下改革的幻想。至於他用發展的眼光看待政治體制問題，這種辯證思維方式更是他的理論前輩所完全欠缺的東西。

三、狄德羅對宗教迷誤和教權主義的批判

前文已經指出，天主教在法國的神權統治由來已久，教會勢力強大，植根極深，與世俗政權結合在一起，在維護封建專制主義統治上起著特殊重要作用。教會利用一切宗教手段，控制人們的思想，支配文化生活，成為專制王朝反動統治的精神支柱，法蘭西民族長期陷入濃重的宗教迷誤之中。因此，十八世紀法國啟蒙運動的歷史任務，是在批判封建專制主義的同時，與天主教宗教勢力鬥爭，批判宗教神學和教權主義，批判宗教的虛偽性和欺騙性，揭露

---

❷❸ 同❷。

宗教教義的荒誕不經和教會的多行不義，用科學和理性啟迪民智，使廣大群眾從宗教迷誤中覺醒。所有的啟蒙思想家都以自己的方式投入到這一場深入的思想革命之中，狄德羅是其中的佼佼者之一。

狄德羅由於論證了物質自己運動的原理，從宇宙論或自然觀上徹底排除了有關上帝存在的論據，從哲學世界觀的高度宣佈了宗教唯心論的虛妄。但是與宗教迷誤鬥爭並非一個哲學原理的論證就能解決問題。在強大的宗教勢力和宗教傳統面前，法國啟蒙學者要做的是利用理論的、文學的和其他一切文化手段對《聖經》和神學，對教義和教規，對教會和教士進行揭露和批判。狄德羅正是這樣做的。

狄德羅與宗教迷誤的鬥爭是從批判基督教信仰體系的基本內容著手的，而且是由淺入深逐步展開、逐層分析批判的。他首先抓住所謂體現神意的奇蹟和原罪、三位一體等教義進行尖銳批評。

在宗教迷誤盛行的地方，教會常常利用群眾的通俗迷信心理和盲信者的愚昧編造所謂「奇蹟」，顯示某種非現實的神奇力量，以煽動宗教狂熱和宗教偏執情緒。例如一個馬賽的助祭教士死了，謠傳他能顯靈，冉森派的狂熱信徒都到他的墳上去祈福和治病，一個教士把有關事蹟搜集記載在一個集子裏獻給國王。狄德羅針對此事寫道：一個郊區（指馬賽）響徹了歡呼聲，因為一個受天命者的遺骸在那裡一天之中就作出了比耶穌基督一生還多的奇蹟。人們向那裡跑著，都湧到那地方去，我也隨著人群去了。我還沒有走到那裡，就聽到喊：奇蹟！奇蹟！我走到近處，仔細看了一看，只見一個小跛子由三四個善男信女扶著走來走去；人們為此大為驚嘆，老是重複喊著：「奇蹟！奇蹟！」奇蹟究竟在哪裡呢？你們這些傻瓜！你沒看見這騙局無非是換了幾根拐杖嗎？這裡面有奇蹟，就正如永

遠有鬼怪一樣。「我可以打賭，凡是那些看見了鬼怪的人，都是事先就怕鬼怪的，而這些在那裡看到奇蹟的人，也都是事先就打算定了要看到奇蹟的。」❷狄德羅指出，盲信和狂熱使人失去理智，教士利用人們的失常心態宣揚迷信，這種騙局古已有之。他說：「一切民族都有這一類的事實，對這種事，為了要奇異怪誕，所缺的就是真實；用這些事，人們來推證一切，但絲毫也不能證明什麼；人們不是不信神的人就不敢否認它，而不是傻瓜也就不能相信它。」❷狄德羅質問宣傳奇蹟的教士：你使跛子能正常地走路，使啞巴說話，使瞎子復明，使癱子痊癒，使死者復活，甚至施行那還沒有試過的奇蹟，使殘廢者所缺的手足再長出來等等，但我的信仰不會因此而動搖，把這些幻術都收起來，讓我們來講理吧，我對我的判斷比我的眼睛更有信心。狄德羅繼續說，如果你對我宣傳的宗教是真的，那麼它的真理就能夠被揭示出來並且能夠用顛撲不破的理由來加以證明。把這些理由找出來吧，當你只需要一個三段論就可以說服我時，為什麼要用這些奇蹟來煩我呢？狄德羅挖苦說：怎麼！使一個跛子能正常走路，在你竟比給我講明道理還容易些嗎？

狄德羅把宣揚所謂「奇蹟」以煽動宗教狂熱和盲信的教士比作江湖騙子。他寫道：「僅僅一個理論上的證明，也比五十件事實更能打動我。多謝我對我理性的極端信任，我的信仰決不是聽憑第一個碰到的江湖賣藝的人擺布的。」❷

對基督教所謂聖父、聖子、聖靈「三位一體」的神學說教，狄德羅也多處作了批判，在他晚年所寫的《哲學思想錄增補》中批評

得最尖銳。他寫道：「三位一體中的三位，或者是三種偶然屬性，或者是三種本體。中間是決沒有的。如果這是三種偶然屬性，我們就是無神論者或自然神論者。如果這是三種本體，我們就是異端。」❷狄德羅利用西方哲學實體學說區分本體和屬性的傳統，揭露基督教神學的荒謬。狄德羅首先指出，神學家所謂上帝「三位一體」的說教，既不是天啟真理也不是神學家自己的智慧，而是抄襲柏拉圖。柏拉圖早就從三個方面來考慮「神性」，即仁慈、聖智和能力。狄德羅引述柏拉圖的話以後挖苦說：「要在這裡不看到基督教的三位一體就得閉起眼睛。」❷狄德羅說，如果我們把仁慈、聖智和能力看作三種屬性，意味著有三種不同的「神性」，所謂「三位一體」就沒有什麼神祕性可言，人們只要通過理性和思考就可以理解，「信仰」失去立足之地，其結果就會導致無神論或自然神論；要是說「三位」不是「一體」，而是三個不同的實體，那就是多神教，自然被基督教看作異端。

　　狄德羅接著揭露神學家自相矛盾，說：按照神學的說法，聖父判斷人是須受他永恆的報復；聖子判斷人是配受他無限的愛；聖靈則守中立。「如何能把這種天主教的廢話和上帝意志的統一性弄成一致呢？」❷狄德羅指出，很久以來人們就請神學家們把關於永罪的教條和上帝的無限仁慈調和一致，而神學家們迄今無所作為。狄德羅的言外之意不言而喻：所謂上帝對人的永恆的報復和無限仁慈云云，都是神學家們的一派胡言亂語，因為根本就沒有什麼上帝。這裡說的「永罪」，也稱「原罪」，是基督教的基本教義之一，狄德

---

❷　同❷，頁44。

❷　同❷。

❷　同❷。

羅對此也進行了尖銳批判。

　　早期基督教中有一種流行的說法，認為人類因始祖亞當、夏娃犯罪，本性上是罪人，所以人類不能自救，需要神的幫助，即基督降生救世，為人贖罪。基督教早期神學家奧古斯丁(Augustine, 354-430)把早期基督教的這種流行說法系統化和「理論」化，形成基督教原罪說。按照奧古斯丁的說法，人類始祖亞當和夏娃違犯上帝禁令，偷吃智慧之果，不僅冒犯了上帝，而且使道德的敗壞侵入他們的身體，因而把犯罪的本性以及必然遭受的上帝的懲罰遺傳給他們的所有後裔。由於人類承襲亞當的原罪，理應承受永劫的懲罰。十八世紀法國啟蒙思想家都對原罪說進行了批判，批駁原罪說是對基督教所謂「仁慈的上帝」和全部基督教教義最有力的否定。梅里葉就說過上帝僅僅由於亞當偷吃了一個果子這樣的小事就要永遠懲罰人類，表明這樣的上帝比世上一切暴君都更殘暴。狄德羅對原罪說的批判與梅里葉相同，他寫道：「基督徒的上帝是一個很看重他的蘋果而很不看重他的孩子們的父親」，「沒有一個好父親願意像我們這個天上的父」，「在冒犯者和被冒犯者之間有著怎樣的比例？在冒犯和懲罰之間有著怎樣的比例？真是一大堆野蠻和兇殘！」❸此外，狄德羅還從邏輯學和語言學角度批駁原罪說。狄德羅說，所謂「原罪」和「永罰」的說法不合邏輯，因為「人所能犯的全部罪惡並不是全部可能的罪惡，而只有能犯全部可能的罪惡的人，才能夠得上受一種永恆的懲罰。為了使上帝成為一個無限地愛報復的東西，你們就把一杯泥土變成為一個有無限能力的東西（指人——引者）了。」❸至於從語言學方面批駁原罪說，狄德羅針對

❸　同❷，頁38、45。

❸　同❷，頁45-46。

教父學鼻祖奧古斯丁說:「這些兇惡的基督徒譯作永恆的這個字,
在希伯來文原來只是表示可經久的意思。是由於一個希伯來語言學
者的無知,及一個解釋者的殘酷的脾氣,才有了那關於受罪的永恆
性的教條。」❸

　　狄德羅從邏輯學和語言學角度批判宗教迷誤,不限於批駁原罪
說,而是直指《聖經》和「上帝」概念。狄德羅指出,《聖經》並
不帶有神聖性的標記,它不是「天啟」的真理,也不是在聖靈的感
召下寫的,摩西等人的作品與古代希臘羅馬那些著名歷史學家的作
品相比要遜色得多。他說:「如果必須在我們那樣形式的《聖經》
中找出上帝的意旨,我們將是到了何等田地啊!那拉丁文的譯文,
有多少不是蹩腳可憐的?即使《聖經》的原文也都不是文章中的傑
作。」❸狄德羅針對神學家有關上帝特性的描述,也對上帝概念進
行邏輯分析,在《達朗貝和狄德羅的談話》這部著作中,狄德羅借
達朗貝之口說:「我們很難接受一個實體,它存在於某個地方,而
又不與空間上任何一點相合;我們很難接受一個實體,它是沒有體
積的,又佔有體積,而且在這個體積的每一部分裡都是完整的;在
本質上與物質不同,而又與物質聯合為一體;跟在物質後面推動物
質,而自身又不動;影響物質,而不受物質的一切變遷的影響!這
樣一個我對它幾乎毫無觀念的實體,一個具有這樣矛盾的性質的實
體,是很難接受的。」❸這裡所謂實體,指的是上帝。神學家所描
述的這個實體的特性相互矛盾,代表他的概念自然也相互矛盾。內
涵中的屬性相互矛盾的概念,不能代表現實的存在物,「上帝」就

---

❸　同❷,頁46。

❸　同❷,頁22。

❸　同❷,頁118。

是這樣的概念，它是不能指稱實際存在的東西的。狄德羅利用神學家喜歡搬弄的形式邏輯原則，對「上帝」這個概念進行邏輯分析，得出否定上帝存在的結論。

狄德羅對宗教迷誤的批判，除去依靠理性論證，通過分析宗教神學關於原罪和三位一體一類教義的荒謬性達到完全否定上帝存在的目的之外，他還用近乎神話式的語言提出，是憤世的惡人為了報復人類捏造了上帝。他的《哲學思想錄增補》一書中，有這樣一段奇文：一個人已為他的子女、妻子和朋友所辜負；不忠的伙伴已弄得他傾家蕩產並使他陷入困苦之中。滿懷著對人類的徹骨憎恨和深刻的輕蔑，他離開了社會而獨自隱居在一個岩洞中。在那裡，他雙拳靠在眼睛上，沈思著一種能和他的憤恨相稱的復仇的方法，他說：「這些壞東西，我將做些什麼來懲罰他們的不義，並且使他們全都羅受他們所當受的不幸呢？啊！要是能夠想出辦法……使他們都懷抱著一個巨大的怪誕的妄想，使他們把這妄想看得比他們的生命還重要，而對於它，他們永遠不能懂得！……」立刻他從洞中竄了出來，大喊著：「上帝！上帝！……」無數的回聲在他周圍重複著：「上帝！上帝！」這可怕的名字就被從地的一極傳到另一極，而到處都驚愕地聽到這名字了。首先人們匍匐下拜，然後他們起來，彼此詢問、爭論、怒惱、痛斥、仇恨、互相扼殺，而這個憤世者的宿願就滿足了。因為一個永遠同等地重要而不可理解的東西的歷史，在過去就是這樣的，在將來也還是這樣。㉟

狄德羅這段半神話、半寓言式的妙文，表達了他對宗教和神靈崇拜產生原因的認識。這是一種十八世紀法國唯物論哲學家普遍的意見，從梅里葉、伏爾泰到霍爾巴赫，對宗教產生和滋漫原因的分

㉟　同㉔，頁50。

析幾乎完全相同。這種思想模式是：宗教是欺騙和盲從的產物。宗教最初由狡猾奸詐之徒捏造出來，繼而有騙子手、無賴漢覆述，隨之被愚昧無知的群眾盲目輕信，最後由國王和權勢者加以扶持和利用。狄德羅與這種思想模式的區別只在於，他認為捏造上帝和引發宗教迷誤的騙子同時又是憤世和報復人類的惡人，實質上與梅里葉或伏爾泰並無本質區別。顯然，這是一種歷史唯心主義的觀點，並沒有真正揭示宗教的本質和宗教產生的社會歷史根源。事實上，宗教的產生和發展是一個十分複雜的歷史現象。宗教是自然壓迫和社會壓迫的產物。宗教的產生和發展歸根到底是由生產力發展水平決定的。特別是在階級社會中，宗教興起和傳播的根本原因在於階級壓迫和階級剝削。

在批判宗教迷誤中，狄德羅還涉及了宗教與道德的關係和宗教與科學的關係。在這兩個問題上，他的態度也十分鮮明，言論雖然不多，卻體現了深刻的啟蒙意識。

宗教信仰與道德的關係是有神論者和無神論者長期爭論的問題。在十八世紀的法國，在教會宣傳和教徒盲信下，相當一部分社會輿論仍然相信無神論者是一些無道德的人，貝爾所提出的「無神論者可以成為道德高尚的人，一個由無神論者組成的社會是可能存在的」論斷仍然是學者們討論的熱門話題。教會勢力為了維護天主教已經動搖的教權主義統治，極力宣揚皈依宗教、崇敬上帝有助於培養良好道德。作為批判宗教迷誤的內容之一，狄德羅駁斥了宗教勢力藉道德問題攻擊無神論的言論。他在《懷疑論者的漫步》等著作中，通過對話形式表述了自己的看法。針對有人說「把人們約束在一些信仰中十分必要」的觀點，狄德羅問道：當一個人被誘導深信有關聖餐的化體論、聖餐中耶穌的血肉同在論、三位一體、三位

一體的融合、天命、化身等奧祕,他會成為一個好公民嗎? ❸狄德羅認為,相信這些東西無助於提高人的道德品質,宣傳這些東西的神學家和教士更是自私自利之徒。他說,自私自利產生神父,神父產生偏見,偏見導致戰爭。只要有偏見,戰爭就會連綿不絕。狄德羅說,神父以宣傳教義為職業,實際上就是宣傳偏見,懷有偏見的人互相敵視,這就引起了戰爭。他指出,宗教迷信不但無助於增進人們的道德品質,反而引起爭端,貽害人類。在〈論克勞笛烏斯和尼祿〉一文中,狄德羅莊嚴宣稱:「只有正直的人才配作無神論者。」❸

自近代科學產生以來,科學與宗教兩種思想體系的對立和鬥爭從來沒有停止過,有時候還表現得十分激烈和血腥。天主教會利用教權主義和群眾性的宗教狂熱極力壓制和迫害科學與科學家,但是科學日漸發展,宗教迷信不斷敗退。從法國哲學史的角度說,自笛卡爾以來,科學從爭取立足之地已經發展為《百科全書》大潮,雖然來自教權主義的迫害仍然不斷發生,但教會統治的力度早已今不如昔。啟蒙運動的主題就是民主與科學,反對封建專制主義與反對宗教迷誤和教權主義的聲勢日漸雄壯。狄德羅二十年如一日堅持編輯和出版《百科全書》就是科學與宗教迷誤和教權主義的一次規模空前的較量,並取得了重大勝利。在其他著作中,狄德羅也一再談到科學與宗教不能兩立的認識。例如他在〈巴爾特萊米修道院長和狄德羅的談話〉一文中就記述了這樣一次關於科學與宗教關係的談話。這位修道院長對狄德羅說:你們《百科全書》的先生們不能回

---

❸　《狄德羅全集》法文版,第二卷,頁513。

❸　轉引自亨利・勒費弗爾:《狄德羅的思想和著作》中文版,張本譯,北京商務印書館1985年版,頁58。

答那縈懷於人心的大問題，如世界是怎麼被創造的？由誰創造的？
上帝是什麼？人是怎麼出現在地球上的？你們嘴邊上老掛著「我不
知道」，「我無知」！院長認為宗教卻對這些問題都有肯定的答覆。
狄德羅承認科學一時還無法回答不少問題，但並不是永遠不能回答
這些問題。他相信科學，認為科學可以合理地闡明自然現象，增進
人類的知識，他對修道院院長說：「你不斷肯定的那些東西卻越來
越同科學相矛盾了。」❸他認為如果宗教教義違反科學原理，就應
該予以否定。例如，宗教關於上帝創造世界和創造了人，宗教讚美
由上帝主宰的宇宙萬物運行完美和諧等等，就應該用科學予以駁
斥，由科學的解釋取而代之。關於宇宙秩序，狄德羅指出：就行星
系統而言，「由於物質的原始性質，本質上就存在著一種秩
序」❸，這種秩序是同行星或其他自然事物並存的，不存在混沌問
題，有自然事物就有秩序，無須作為一種超自然力量的上帝來創造
秩序。在自然界中，上帝是多餘的假設。

　　那麼上帝是否創造了生命現象呢？上帝是否給予自然界一切有
生命的東西以靈魂呢？狄德羅以蛋為例來說明科學如何解釋生命現
象。他說：「這個蛋是什麼？在胚芽進來以前，是一塊沒有感覺的
東西，因為這個胚芽本身也只是一種呆板的、粗糙的液體。這塊東
西是怎樣過渡到另一種組織，過渡到感受性，過渡到生命的？依靠
溫度。什麼東西會產生溫度？運動。」❹限於十八世紀的自然科學
發展水平，狄德羅對生命現象的解釋或許過於粗糙簡單，而且還完

---

❸　J. 凱莫普編：《狄德羅選集》英文版，紐約國際出版社1943年，頁
　　211。

❸　同❸，頁76。

❹　同❷，頁369–370。

全囿於機械論的範疇之中，但是他力圖用已有的科學知識解釋生命現象、排除超自然原因的意圖是可貴的，也是對神學家把一切未知原因推給上帝的宗教蒙昧主義的有力駁斥。關於靈魂問題也是這樣。神學家宣稱生命現象是上帝的創造，上帝給生命以靈魂。狄德羅強調生命是物質運動和轉化的產物，靈魂與上帝沒有關係。宗教神學的說法不能說明任何問題，反而把人引入歧途，為科學製造人為的障礙。他對生物的「靈魂」作出自己的解釋。他認為靈魂是精神，精神依賴於物質，不能脫離物質而獨立存在，物質能夠創造精神。他以一條祕魯蛇為例闡述自己的觀點。他斷定，如果把這條祕魯蛇弄乾以後，懸之於煙囪中，經過一兩年時間的連續煙熏，蛇的靈魂作為生物身體組織的一種機能顯然會消失淨盡。不過，如果這樣的一條蛇有可能變為飼料為其他動物所消化吸收，牠又會在其他動物身上變為有生命的東西，組成其他動物的靈魂。這說明，靈魂憑藉物質而生成，隨著物質消亡而消亡。不僅動物，人也是一樣。宗教神學關於靈魂不死的說教是無稽之談。

上述狄德羅針對某些天主教教義和教條所進行的理性主義的分析和批判，只是狄德羅對宗教迷誤和教權主義批判的一部分。就這部分的內容來說，他的批判言簡意賅、機智深刻、富於哲理。不過也應該說，狄德羅對宗教迷誤和宗教神學的批判不夠系統全面。他的批判不乏深度和力度，但顯得零亂。有些批判彷彿蜻蜓點水點到而已，或者只是格言式的三言兩語。這種批判方式與梅里葉或伏爾泰相比，顯得思想的跳躍性太強，不夠系統不夠全面的缺陷越發明顯。幸而狄德羅批判宗教迷誤和教權主義的這個缺陷，在他的文學創作中得到全面彌補，特別是他的名作《修女》，通過一個天真無邪的少女的自白，真實地描寫了天主教修道院違反自然、滅絕人性

的幽禁生活，憤怒揭露了教會的黑暗、陰險和殘暴，用血淚事實和感人語言，書寫了一篇對教權主義的控訴書。

狄德羅像老一輩啟蒙思想家伏爾泰、孟德斯鳩等人一樣，善於運用文學手段表達政治理念，除理論論著之外，還喜歡用更為大眾化的文藝作品宣傳他們的啟蒙哲學和揭露教權主義的罪惡。《修女》的創作就是狄德羅的一次成功的藝術實踐。

《修女》作於1760年。主人公名叫蘇珊。蘇珊名義上是一個富有的律師的女兒，實際上是個私生女。父母為了讓兩個親生女兒享有財產繼承權，狠心地把她送進了修道院裡。從此，這個不幸的姑娘在「比囚禁盜匪監獄還千百倍可怕」的修道院裡，一方面忍受著教會施加於她的「刻毒的虐待」，一方面與這種迫害頑強鬥爭。最後終於逃出了這人間地獄，在巴黎當了一名女工。但是，為了躲避法律的追究，蘇珊不得不隱姓埋名，偷生度日。整個作品以蘇珊還俗後向一位開明貴族寫的字字血淚的求救自述，深刻地揭露了建築在天主教神學基礎上的教會道德的虛偽和墮落、修道院制度的黑暗和殘暴，控訴了教權主義迫害和殺人的罪行。

小說通過主人公蘇珊前後在三個修道院的遭遇，通過三個修道院對無辜少女慘無人道迫害的具體描寫，構成了猶如《神曲・地獄篇》一樣的法國社會的「地獄篇」。在《神曲》裡，但丁(Dante, 1265–1321)在維吉爾的引導下遍遊「地獄」，每到一層，描寫一種罪行和受煎熬的靈魂，實際上是一一展示他的故鄉佛羅倫薩和整個意大利的社會現實；在《修女》裡，狄德羅讓讀者隨著蘇珊一個一個觀察和瞭解修道院人間地獄的可怕內情。修道院是整個天主教教會的縮影。修道院的黑暗和修女們所受到的非人待遇，正是教會內幕的一部分和教權主義在整個法國所造成的社會苦難的寫照。所不

同的是，但丁讓人們看到的是「罪有應得」的受煎熬的靈魂，而狄德羅展示給讀者的是無辜的純潔少女在教會折磨下所遭受的屈辱和不幸。修道院成了「製造不幸的人」的場所。在這裡，教權無時不在向修女投擲愚昧、無知、不公、暴政的污泥濁水，不斷撲滅她們心中燃燒的對未來的希望和追求幸福生活的火焰，造成她們痛苦、痴呆、發狂和逃亡的人生悲劇；在這裡，「貞潔」掩蓋著墮落，「仁慈」背後是獸性，「永生」通向死亡。還有不同的是，狄德羅的「地獄篇」中有苦難也有鬥爭，不願作修女的蘇珊與迫害她的教權勢力進行針鋒相對的鬥爭，誘騙使她清醒，酷刑使她堅強，壓迫使她反抗，監禁使她逃亡。一個柔弱少女頂住了來自家庭和教會的雙重壓力，對自由和人權的追求使她一次次衝破教權的羅網。狄德羅通過他所創作的文學形象表達了反對宗教迷誤和教權主義必勝的信念。

《修女》是文學作品，作者的理念是通過人物的活動和細節描寫表達的，且讓我們看看蘇珊在三個修道院裡都看到了什麼和遭到什麼不幸。

蘇珊第一次進入的聖馬利亞修道院，從院長到管理初學生的嬤嬤，都是一些花言巧語的偽君子，她們憑著假仁假義的行為和「顛三倒四的鬼話」，引誘年齡不到十六歲的初學生宣誓修道。她們這樣做的目的是使修道院可以得到一千塊錢的收入。為此院長在花言巧語之上，「又加上那樣的溫情」、「那樣漂亮的友誼」、「那樣溫柔的偽飾」，而嬤嬤們講述的是一種最細緻、偽裝得最好的「誘惑課程」，不但把真的講得頭頭是道，而且還要無中生有地捏造些假的出來。修道院聯合院內外一切能對蘇珊施加影響的人，從主教、修士、神父到修女，千方百計誘騙這個對修道院不感興趣的少女宣誓

修道。但是蘇珊沒有屈從他們的意願。她被一個逃出囚禁房間的發了瘋的修女的駭人慘狀驚震，從這個不幸女子的命運裡「看到了自己將來的命運」，她決心抗爭。在思想上，她一再發誓「寧可死一千次」，也絕不留在修道院裡；在行動上，她利用宣誓出家的演臺大鬧一場，在大庭廣眾之間抗議她們陰謀強迫她出家的暴行，使教會的醜惡行徑在世人面前曝光。

蘇珊進入的第二個修道院叫作龍桑修道院。由於家庭的「利害關係」，這次蘇珊「莫名其妙」地正式出家穿上了修女服。在這裡，蘇珊落入以院長聖・克利斯丁修女為首的教權勢力殘酷迫害的深淵。她們每天都有折磨人的新花樣，每一小時都製造困苦。仇恨、誹謗、誣告、虐待接踵而至。起初，在與別人隔開的房間裡，她穿的是苦衣，用的是苦鞭，吃的是水和麵包，幹的是「院裡最卑賤的工作」。在院長的唆使下，五十人串通起來以折磨她為消遣。繼而是「不顧羞恥」地強行剝去她的衣服，讓她光著腳在撒滿碎玻璃的走廊上走路，以致卑鄙地把自殺的方式提供給她。最後，因為她「不斷地犯錯誤」和有「褻瀆神靈的罪行」，把她打得遍體鱗傷之後推入地牢。在地牢裡，「一塊已經半霉半爛的破席子是她的床」、「一塊黑麵包是她的食物」、「一個死人的骷髏是她的同伴」。從牢裡出來後蘇珊在修道院的生活更趨惡化，小說描寫說，她吃的食物是經過「再三哀求」方得到的「一點就是給畜牲吃也說不過去的食物」；住的是沒有門窗、沒有幔帳、沒有被褥、夜裡沒有便器的房間；看到的是惡意的白眼；聽到的是不堪入耳的惡言穢語；得到的是捆綁、體罰、向她臉上吐唾沫、甚至把她當作死屍從她身上踩過去的暴行。

在一位同情她的律師的幫助下，蘇珊又轉入了第三個修道院，

叫作聖・毓揣比修道院。這次蘇珊的遭遇與前兩次不同。在第一個修道院裡蘇珊的遭遇是假仁假義的誘騙，第二個修道院是公然的橫暴的折磨，第三個修道院則是道德敗壞和對心靈的摧殘。這次蘇珊面對的院長叫某某夫人。這個女人是一個「一切都沒有標準」的具有喜怒無常的性格的人，一個令人噁心的性變態的色情狂。在她的淫威下，修女們受到難言的迫害。單純的蘇珊很快看透了院長在「溫情」掩蓋下的淫邪放蕩和道德墮落行為，從而促成了她最後的叛逃。

蘇珊逃出了修道院，但逃不脫教權主義在法國的統治勢力，面對家庭、教會、法律、社會、男人等構成的天羅地網，她的命運令人憂慮，因而她向好心的侯爵求助所發出的「快點來救我吧」的呼籲越發震撼人心。

總之，狄德羅通過敘述蘇珊不幸遭遇的文學手法，強烈控訴了基督教的虛偽本質和教權殺人的罪惡。他對修道院制度扼殺人性、絕情滅欲、違反自然進行了猛烈抨擊，揭露教會所謂貞潔、貧苦、服從「三誡」的欺騙性和殘酷性。狄德羅在小說中借一個副主教之口怒斥道：「發願安貧是起誓當懶漢和盜賊。發願保持貞潔是向神許諾要經常違犯他那最明智最重要的法規。發願服從是放棄人不能割讓的特權，即自由的特權。如果一個人實踐他的誓言，他是一個罪犯；如果他廢棄他的誓言，他是一個發假誓的人。修道院的生活只適於瘋狂和偽善的人。」❹總之，狄德羅把修道院作為整個教會制度的典型，戳穿了它的神聖偽裝，暴露它腐敗、墮落、殘忍、野蠻的真相，對宗教迷誤和教權主義進行了極為深刻的批判。

❹　狄德羅：《修女》倫敦英文版，1928年，頁111。

四、狄德羅社會哲學的時代特徵

作為十八世紀法國哲學的一個主要代表人物，狄德羅在傳統哲學所關注的問題，諸如神與自然、物質與精神、認識問題中理性與經驗的關係等等，都一以貫之地堅持了唯物主義的觀點，對十八世紀法國唯物主義哲學最終形成一個強大學派和完整體系作出了重要貢獻；在如何對待十八世紀法國社會仍然十分尖銳敏感的「神」的問題，狄德羅由懷疑論到自然神論再發展為無神論，思想脈絡也十分清楚。但是，狄德羅在社會哲學領域所發表的意見，或者說狄德羅對於許多社會問題和政治問題的看法，卻不那麼清晰明確和懷抱定見，這就是某些狄德羅研究者所謂「狄德羅政治思想的混亂問題」。使這些研究者感到困惑不解的是，狄德羅在反映法國資產階級反對封建專制制度、要求發展資本主義的階級利益之外，還隱約表達了啟蒙時代第三等級中勞動階級的政治願望和經濟要求，而且這兩方面的內容有時是直接對立的。應該說，如何理解這個問題，是正確認識狄德羅社會哲學的關鍵。

為了弄清這個問題，我們首先概括一下狄德羅政治思想的基本精神：十八世紀法國啟蒙運動是法國資產階級發動和領導的思想解放運動。狄德羅作為一個啟蒙學者，準確地反映了法國資產階級反對封建統治的階級要求。這主要表現為，他反對天主教的神權統治，反對封建專制。他要求根據自然法理論，恢復人民的自然權利。他認為「自然權利」的核心是自由和平等。他反覆論證自由是天賦人權。他說：「沒有一個人從自然得到了支配別人的權力。自由是天賜的東西，每一個同類的個體只要享有理性，就有享受自由

的權利。」❷他強調指出，這種自由的權利，既包括人身自由，勞動的自由，也包括貿易自由。他寫道：「如果由於沒有貿易的自由，豐收有時在一個省份變成了同饑荒一樣可怕的災難，那麼治理得就是壞到不可想像的程度了。」❸為反對封建特權和等級制度，狄德羅強烈要求政治平等。他認為，在一個合理的社會裡，作為公民，人人同樣高貴，而且這種高貴並非得自祖先，而是人人都享有的政治權利。他說：「我不能容忍那些同等級制度有關的人為的權利和特權。」❹在狄德羅看來，政治平等的保障是法律平等。他要求結束封建王朝的專制統治，根據自然法原則，制定出合乎自然的良好法律，用以維護公民的權益，保證在法律面前人人平等。至於政治權利方面的平等，我們已經談到過狄德羅主張有權制定法律的「人民代表」的當選應有財產條件，實際上是主張實行有資格限制的代議制，窮人被剝奪了管理國家的權利。

上述可見，狄德羅政治思想的主導方面，主要反映的是法國資產階級的政治和經濟利益。他所要求的「自由」，核心是「貿易的自由」；他所嚮往的「平等」，著重於法律的平等；他所追求的「政權」，是「有財產的」人民代表，即法國第三等級中資產者可以參政的政權。可以反映狄德羅政治思想主導傾向的資產階級性質的還有：狄德羅反對制定限制繼承權和對繼承財產徵收高額稅以防止積累財富的立法主張，認為這種立法對工商業的發展是有害的，它限制了自由；他不同意反對高利貸的法律；他主張徵收無損於生產而且主要由貴族負擔的僕役稅；他主張君主的首要義務就是尊重所有

---

❷　同❸。

❸　同❷，頁422-423。

❹　同❸，頁135。

權，說如果沒有所有權，就既不會有國王，也不會有臣民，有的只是暴君和奴隸❹；他主張經濟自由化，反對「特權壟斷」和行會制度，認為行會制度是妨礙商業和手工業的發展、支持墨守成規和對人民不誠實的特殊壟斷形式。他說：沒有比那種毫無經濟活動自由的國家管理更壞的管理了。❹等等。狄德羅的這些雖然零散但性質明確的觀點，顯然都是對資產階級有利的。事實上，狄德羅雖然不是經濟學家，他的經濟學傾向是重農主義的，他說過完全是重農主義的觀點：「真正的財富只有人和土地。」❹

但是，狄德羅也的確說過許多維護農民和工人利益，甚至主張取消私有制度和同情要求財產公有、實行共產主義的思想。這種情況主要表現在如下幾個問題上：

第一，狄德羅始終以農民利益捍衛者的姿態出現。農民是封建專制秩序的直接受害者。農民的悲慘狀況是狄德羅十分關心的問題。他認為法國農民為擺脫封建壓榨所進行的鬥爭和農民對封建秩序的仇恨，都是正當的。他同情農民負擔最沈重的工作，用辛勤勞動供養社會上層，自己卻遭受難以溫飽和社會地位低下的不幸命運。他在《百科全書》的〈人〉這個辭條中就說：「農民是國家裡面最辛苦而又吃得最壞的人。」❹他譴責壓在農民頭上的苛捐雜稅，要求按財產多寡來公平合理地分擔賦稅。在《評葉卡捷琳娜二世的詔書》中，他提出俄國進步的首要條件，是解放農奴和分給他

❹ 狄德羅：〈一個哲學家的御前陳詞〉，轉引自《十八世紀法國社會思想的發展》，頁137。

❹ 同❹。

❹ 同❷，頁422。

❹ 同❷，頁423。

們土地，認為改善農民的處境「比一切都更重要」**❹**。

第二，狄德羅雖然主張「貿易自由」和「保護所有制」，卻反對過多地佔有財富和剝削，認為一個人的幸福在於佔有中等財產和達到小康生活。他提出，一個工人的收入情況如果僅能達到養家糊口，既不能有所積蓄安度晚年，又懼怕生病無錢醫治，那麼這個社會就屬於不良狀況。

第三，狄德羅在流露出某些「社會平等」思想的同時，也反對要求絕對平等的幻想，對「平等」問題的意見具有辯證法因素。他認為根據勞動和努力在公民之間按比例分配財富，人們之間的不平等具有合理的性質。他說，只要金錢不起過分的作用，只要金錢不決定公民的社會地位，「合理的不平等」不會產生有害的後果。**❺**他又說：「純收入越多和它的分配越均勻，國家管理就越好。分配均勻的純收入可以勝過數量更多而分配極不均勻的純收入。不均勻的分配把人民分為兩個階級，其中一個階級富得要命，另一個階級則窮得要死。」**❺**

第四，《百科全書》中的〈立法者〉辭條關於所有制的論斷顯然超出了資產階級的眼界。〈立法者〉辭條作者是誰尚無定論，有人認為是狄德羅，有人認為是狄德羅的親密友人、為《百科全書》寫了很多辭條的聖朗貝爾(Saint-Lambert, 1716–1803)，不過，不論誰是作者，條目對私有制的批判並沒有引起主編狄德羅的反感是可以肯定的。該條目說，不管政體究竟怎樣，為了使社會接近自己的目標，立法者在任何情況下都應當力圖用公有精神代替私有精

---

❹　同**⓭**，頁136。

❺　同**⓭**，頁135。

❺　《百科全書》法文版，第八卷，〈人〉辭條。

神。充滿公有精神的民族，較少感覺到自然狀態、平等和獨立的優
越性的喪失。這些國家的公民不是法律的奴隸，而是法律的朋友。
他們懂得，如果他們損害社會，也就不可避免地損害到他們自己，
因為個人的幸福是同公共的幸福緊密地聯繫在一起的。對祖國的愛
是他們唯一的熱情⋯⋯充滿公有精神的人們不會因為他們使自己的
意志服從公共意志而感到惋惜。條目作者所謂「公有精神」內涵並
不明確，但作者緊接著舉了一個例子，顯示作者同情共產主義。作
者說：祕魯的法律是能激起公民互相幫助、發揚人道習慣和公有精
神的範例。作者寫道：「祕魯的法律力求用人道的紐帶把公民們聯
合在一起；當其他國家的立法禁止互相作惡的時候，祕魯的法律卻
規定要孜孜不倦地行善。由於這些法律規定（在自然狀態之外的可
能情況下）財產公有，因而削弱了萬惡之源的私有精神。在祕魯耕
種公共的土地、老人或孤兒的土地的日子，是最美好和最隆重的日
子。被作為懲罰而禁止在公共土地上勞動的人，認為自己是最不幸
的人。每個公民都為全體公民勞動，把自己的勞動果實送進國家的
糧倉，並得到其他公民的勞動果實作為報酬。」❷〈立法者〉辭條
的這些內容，顯然流露了作者對私有財產制度的譴責和對財產公有
制度的嚮往。而且作者強調祕魯的公有制社會是自然狀態之外的有
組織的社會狀態，其所指更是耐人尋味。

　　第五，狄德羅在《布甘維爾遊記補遺》中，描繪了一幅合乎自
然法原則的塔希提共產主義生活圖畫，這個沒有私有財產、沒有剝
削壓迫、人們平等自由、和平幸福的塔希提烏托邦，與狄德羅同時
代空想社會主義者摩萊里（Morelly，生卒年代不詳，約與馬布利同
時）的《巴齊里阿達》烏托邦極為相似，與馬布利(Mably,1709–

❷　見《百科全書》法文版，第九卷，〈立法者〉辭條。

1785)所憧憬的共產主義理想國度也精神相通，表達了狄德羅同情
共產主義思想和對私有制持否定態度的傾向。其中摩萊里在《巴齊
里阿達》中也把祕魯的制度作為有可能實現共產主義的證明，與
〈立法者〉辭條不謀而合。此外，十八世紀的另一位法國人德尚
(Deschamps, 1716-1774)的空想共產主義思想也受到狄德羅的重
視，曾說德尚的作品「充滿了新的思想和勇敢的論斷」。狄德羅在
給友人的信中曾說：「一位名叫德尚的教士，使我讀了一部據我所
知是最尖銳和最富獨創性的著作。這部著作闡明了這樣一種社會制
度的思想，當人類脫離野蠻狀態和經歷有組織狀態，體會到最重要
的規章制度的全部徒勞無益和終於認識到只要還存在著國王、神
父、法官、法律、你的和我的、邪惡和美德的概念時人類總是不幸
的這一真理之後，人類應當走向這種制度。您可以想像得到，不管
這部著作寫得多麼糟糕，它也會給我帶來多麼大的快樂啊！因為我
突然發現我就在那個我為它而誕生的世界裡……當我醒悟過來以
後，我開始憧憬我那位胖胖的本篤會教士——不論外表和風度都是
一位真正的老哲學家的原則和結論了。他的作品（我連一行都不會
刪節）充滿了新的思想和勇敢的論斷。」❺狄德羅在這裡所說的德
尚的著作是《真正的制度》一書，這部著作在德尚逝世多年以後才
出版，在十八世紀只以手抄本形式在少數人中間流傳。與狄德羅這
一思想傾向相聯繫，還有一件歷史事實令人深思：在十八世紀的一
個相當長的時間裡，摩萊里當時匿名出版的空想社會主義著作《自
然法典》一書，一直被認為是狄德羅的作品，曾被收入1773年在
倫敦出版的《狄德羅文集》中，狄德羅本人卻令人不解地始終不予
否認。這個誤會甚至延續到狄德羅逝世以後。例如1797年，當

❺　同❸，頁115。

巴貝夫(Babeuf, 1760–1797)在凡多姆法庭上慷慨陳詞駁斥督政府
對他和他的密謀同伴的起訴時，還宣稱自己是「《自然法典》作者
狄德羅」的學生。

上述這些問題，與狄德羅政治思想的主導內容和基本主張夾雜
在一起，似乎分別構成他的思想的不同傾向，展示出他的社會政治
觀念的某種二重性質，因而受到一些狄德羅研究者的責難。在我看
來，這些所謂「混亂」和「矛盾」的觀點，恰恰反映了狄德羅政治
思想的時代特徵和所具有的多層次性質。正如他的唯物主義哲學思
想在總體上仍然屬於形而上學的十八世紀法國唯物主義機械論範疇
而又具有豐富的辯證法因素一樣，他的政治思想的二重性和多層次
內容同樣體現出他的思想的深刻性和進步性。

在十八世紀法國啟蒙運動中，分別代表第三等級各個階級和階
級利益的啟蒙學者們不僅都表現了為真理而鬥爭的大無畏精神，而
且也都表現了衝破一切傳統觀念的束縛、與舊世界徹底決裂的氣
概。雖然十八世紀的偉大思想家們，也和他們的一切先驅者一樣，
沒有能夠超出他們自己的時代所給予他們的限制，但是他們大都很
少庸人氣息，就是資產階級的思想代表也很少後來資產階級政客那
種錙銖必較、爭權奪利的市儈旨趣，他們以天下為己任，要立即解
放全人類，以在世界上消滅專制、壓迫、貧困、愚昧和不平等為畢
生奮鬥目標。他們胸襟開闊，眼界寬廣，對未來充滿信心。狄德羅
在堅持資產階級政治經濟利益的同時，還以農民利益的捍衛者自
居，甚至嚮往某種徹底消滅剝削壓迫的理想社會原則，正可以從當
時法國資產階級開創新世界、雄心勃勃奔向未來的精神狀態中找到
答案。

具體而言，一方面市民等級在和貴族鬥爭時有權認為自己同時

代表當時的各個勞動階級的利益，資產階級的思想代表在爭取一個
階級的利益的同時兼顧同盟者的要求，也是團結第三等級一切力量
共同反對封建統治的當然條件；另一方面法國革命的根本任務是破
除農村中的封建生產關係，狄德羅等人（伏爾泰也發出過為農民呼
籲的請願書）同情農民的疾苦，發出解放農民和與農民還沒有徹底
割斷聯繫的早期無產者的呼聲，與資產階級的切身利益也是一致
的。就狄德羅來說，作為一個不斷進取、勇於創新的思想家，對當
時法國十分流行的空想社會主義思潮發生興趣、受到感染，更不足
為奇。狄德羅出身於外省一個製刀匠家庭，到巴黎後又一直在貧困
中掙扎奮鬥，為編撰《百科全書》有關工藝的大量辭條更長期深入
工場作坊遍訪能工巧匠，這些經歷和生活條件使他對十八世紀法國
農民和城鄉無產者的悲慘處境並不陌生。在與勞動群眾特別是法國
早期無產者的廣泛接觸中，思索使他們不幸的諸多原因，理解他們
的要求和理想，對於像狄德羅這樣一位敏銳正直的思想家來說，簡
直具有必然性。事實上，這種複雜的歷史現象並非只在狄德羅一人
身上發生過。空想社會主義的鼻祖托馬斯・莫爾(Thomas More,
1478–1535)、狄德羅的同時代人馬布利、十九世紀初的空想社會主
義者聖西門(Saint-Simon, 1760–1825)、俄國激進的民主主義者
車爾尼雪夫斯基(Chernyshevsky, 1828–1889)等人身上，都體現了
與狄德羅類似的東西。這種複雜的歷史現象在中國近代史中也有反
映。康有為和孫中山先生就是兩個鮮明的例子。既然康有為都能寫
出《大同書》，還有什麼理由不肯定狄德羅在探索人類解放之途上
突破階級和時代局限所作的努力，以及這種努力的成果所具有的歷
史價值呢？

　　在這個問題上，更應該稱道的是，狄德羅在流露某些對私有制

原則的懷疑和對更廣泛平等的嚮往的同時，能夠看到十八世紀法國空想社會主義追求絕對平均主義的理論錯誤，並指出這種思潮的危害，實在是十分了不起的。狄德羅反對梅里葉、馬布利、摩萊里等人倡導平均主義、把平等和平均混為一談的錯誤觀點，提出「在民主制度之下，即使這種民主制度是最完善的，成員之間絕對平等也仍然是一種幻想，而且說不定這種政體瓦解的端倪就在於此」(54)，具有真正的理論深度和歷史眼光，這樣的真知灼見，我們今天讀來不是仍然倍感親切嗎?! (55)

(54) 同❷，重點為引者所加。

(55) 對空想社會主義理論的致命缺陷——倡導平均主義和禁欲主義的分析，參見拙著《梅里葉》，東大圖書公司，1999年5月，第四章。

第四章　狄德羅的藝術哲學

一、飽含啟蒙意識的美學理論

狄德羅才華橫溢，除以哲學家之名著稱於十八世紀法國啟蒙學者行列之外，他還是著名美學家和文藝評論家，對文學、戲劇、繪畫、雕塑、音樂等多種文藝形式都有深入研究，形成一套完整的啟蒙文藝理論並有戲劇和小說作品問世。他的美學思想是他的哲學思想的重要組成部分。他的文藝理論是他的美學思想在文學、戲劇、繪畫等文藝領域的具體應用。綜合他的美學思想和文藝理論，可以概括為狄德羅的藝術哲學。這裡我們先來研究狄德羅的美學思想，然後依次討論他關於文學、戲劇、繪畫的理論和創作實踐。

狄德羅的美學專論並不多，最著名的是1751年為《百科全書》所寫的長篇辭條〈美〉，載於《百科全書》第二卷，後來以《關於美的根源及其本質的哲學探討》為名收入他的全集，又名《美論》。他的大部分美學觀點散見於其他著作中，集中起來可以看到已經形成內容豐富、完整的美學體系。這些著作主要有《沙龍》、《畫論》、《論戲劇藝術》、〈關於「私生子」的談話〉、〈演員是非談〉、〈理查遜讚〉等。《沙龍》又稱《沙龍隨筆》，是狄德羅應格

里姆之約為他所主編的刊物《文學通訊》撰寫的多篇畫評。法國美術界每兩年在巴黎舉辦一次畫展，稱之為沙龍。狄德羅為1759年至1771年的七次和1775年及1781年所辦的畫展共寫了九篇評論，前後跨度二十二年，都刊登在《文學通訊》上。格里姆主編的這個刊物全名《文學、哲學和批評通訊》，在歐洲文壇很有影響，狄德羅的沙龍隨筆所表達的美學理論也隨之廣為人知。《畫論》也是應格里姆之約而作，全書共七章，前五章於1766年底在《文學通訊》上發表，全文於1795年由布依松書局首次出版。《論戲劇藝術》（又譯《論戲劇詩》）發表於1758年11月，是作為狄德羅的劇作《家長》的附錄一併出版的。這篇長文系統地表達了狄德羅的戲劇美學思想。〈關於「私生子」的談話〉也稱〈和多華爾的三次談話〉，1757年10月隨狄德羅的另一劇作《私生子》出版。《演員是非談》（亦譯《演員奇談》）初稿1770年發表於《文學通訊》上。1769年格里姆旅行歸來，帶給狄德羅一些新出版的書籍，請他撰寫評論。狄德羅針對其中一本題為《嘉理克或英國演員》的書寫了上述批判稿。其後十年之間，狄德羅在此基礎上不斷修改補充，但生前未再發表。遺稿於1830年首次出版。這是狄德羅一部極具特色的戲劇美學論著。〈理查遜讚〉（又譯〈理查生讚〉）作於1761年。理查遜(Richardson, 1689–1761)是十八世紀的英國作家，他的作品主要以英國市民家庭生活為題材，並作為重要社會問題引起讀者注意，他的小說在法國產生巨大影響。

十八世紀法國唯物主義既是啟蒙哲學，作為這個哲學體系的重要組成部分的美學理論，必然也滲透了啟蒙意識。在法國的這些啟蒙哲學家中，有兩個人對啟蒙美學貢獻最大，一個是伏爾泰，另一個便是狄德羅。我們曾經說過，法國唯物論分為兩個形態：自然神

論和無神論。唯物論的這樣兩個形態前後相繼，是十八世紀法國唯物主義哲學發展的兩個階段。兩個形態的代表人物，前者是伏爾泰，後者是狄德羅。與唯物主義哲學發展的兩個形態相對應，十八世紀法國唯物主義美學的代表人物恰恰也是伏爾泰和狄德羅。在眾多啟蒙學者之中，正是伏爾泰和狄德羅在先天條件上有諸多相似之處。他們都多才多藝，都在對十八世紀法國哲學的發展作出巨大貢獻的同時，還廣泛涉獵文學藝術的創作與評論，並針對十七世紀以來統治法國文壇的古典主義美學作出了不盡相同但目標一致的反應。分別代表老一輩和新一代啟蒙學者的這兩位十八世紀法國文壇巨子，在推動西方資產階級美學形成過程中都發揮了巨大作用，前者間接、後者直接為十九世紀極其繁榮的浪漫主義美學和文藝創作打下了基礎。換言之，在十八世紀啟蒙美學的形成過程中，伏爾泰是老師，是先行者，狄德羅是學生，是後繼者，但學生最終大大超越了老師的成就。

本書作者這樣的論斷可能不為某些研究西方美學史的學者贊同。這些研究者一般的觀點是：在十八世紀法國啟蒙學者中，伏爾泰仍然圍於十七世紀盛行的古典主義，在十八世紀啟蒙美學發展過程中屬於保守派，只有狄德羅才是十八世紀法國唯物主義美學的唯一代表。

為了正確瞭解狄德羅美學思想的基本內容和理論精髓，以便恰當地對其作出歷史評價，應該首先弄清楚狄德羅美學理論產生的歷史條件，特別是它的學術環境。這就既涉及古典主義美學問題，也涉及伏爾泰與狄德羅美學思想的關係。

在拙作《伏爾泰》一書中，作者曾經論及這兩個問題，現擇其要點覆述如下。應該說明的一個問題是，在《伏爾泰》中，作者沿

用朱光潛先生在其力作《西方美學史》中的概念，把法國十七世紀
的美學思想稱為「新古典主義」，現在改稱「古典主義」，以與流行
的概念一致。

在西方近代美學和文藝理論發展史上，法國古典主義是浪漫主
義之前一個成就巨大、影響深遠的流派。古典主義是十七世紀，特
別是路易十四時代王權空前強大、專制制度登峰造極的法國社會階
級關係和政治形勢在文學藝術領域的反映。

古典主義的理論基礎是笛卡爾的唯理論哲學。這種美學觀點從
追求所謂普遍人性出發，推崇理性，強調美的絕對價值和文藝創作
的永恆標準，熱中於規範化和對權威的頂禮膜拜。它繼承意大利文
藝復興時期的傳統，把古代社會看作理想的典範，要求當代的文學
藝術取法希臘羅馬的古典名作，以古代帝王將相、英雄豪傑和神話
人物為創作題材，恪守文學藝術不同體裁各自特殊而又凝固不變的
規則（例如戲劇創作的「三一律」），錘鍊明晰、純潔、高貴、文雅
的語言，塑造偉大崇高的藝術形象。

古典主義的美學觀點和文藝理論顯然反映了封建王朝的宮廷趣
味，是為鞏固封建專制制度服務的理論。由於在十六、十七世紀，
隨著西歐封建制度開始瓦解和資本主義生產關係的出現，君主專制
政體在這一特定歷史時期曾經起過進步作用，王權的加強消滅了封
建割據勢力，有利於生產力的發展，得到正在成長的資產階級的擁
護。與此相應，在當時的文化藝術領域起著鞏固君主專制制度作用
的古典主義，是一種進步的美學思想和文藝理論。正是在古典主義
的影響之下，路易十四時代產生了高乃依(Corneille, 1604–1684)、
拉辛(Racine, 1639–1699)、莫里哀(Molière, 1622–1673)、布瓦洛
(Boileau, 1636–1711)等一代文學巨匠和文藝理論家，使法國文學

和法語在歐洲取得了崇高地位。但是進入十八世紀，法國社會階級矛盾逐漸激化，封建專制制度逐漸變成資本主義進一步發展的障礙，古典主義的美學原則和文藝理論也隨之成為法國資產階級通過文學藝術表達自己的階級要求和思想情緒的桎梏。

為打碎這種桎梏，十八世紀法國啟蒙學者在哲學、政治學等領域向封建意識形態挑戰的同時，也在美學和文藝理論以及文學藝術創作實踐中，開始衝擊古典主義的世襲領地。

法國啟蒙學者是反封建的文化戰士，他們運用一切思想武器同專制主義和教會勢力鬥爭。無論是外國的先進思想，還是本國歷史的優秀遺產，也不論抽象的理論還是形象的文藝，都可以成為他們得心應手的工具。就文學創作而言，他們懷著完全功利主義的動機寫詩、寫劇本、寫小說，公然通過歷史人物、海外奇談或虛構故事宣傳自己的哲學信仰、政治主張和對社會現實的批判，全然不在塑造人物、細節描寫、合理情節等等文學創作的一般手法上刻意求工。他們的作品或者含沙射影攻擊專制秩序，或者以古喻今闡發資產階級的政治理想，或者讓作品的主人公徑直成為作者對社會問題大發議論的傳聲筒。孟德斯鳩的《波斯人札記》、盧梭的《愛彌爾》、狄德羅的《拉摩的侄兒》無不如此。他們真正做到了使形式從屬於內容。他們所關心的只是如何方便地表達自己的啟蒙思想，如何逃避教會和專制政府的迫害，如何適應十八世紀法國讀者的趣味，特別是如何滿足不滿現實、追求光明的廣大知識青年的精神需求。在十八世紀法國封建關係迅速解體、社會大變動即將發生的特定歷史環境下，他們那些在後人看來藝術上有許多不足之處的作品，卻能獲得巨大成功，對於打擊敵人、教育人民起了很好的作用。

然而在啟蒙學者廣泛利用獨具特色的文學手段所進行的啟蒙宣傳活動中，仍然面臨一個如何批判繼承古典主義這份歷史遺產問題。這是由於，一方面啟蒙運動既然是一次全面批判封建意識形態的文化革命，啟蒙思想家們在完成哲學、史學、法學、倫理、政治理論等各個思想領域的破舊立新過程中，也必然要在美學和文藝問題上建立體現新的時代精神的理論，而要建立任何一種新的學說，都必須從已有的思想材料出發，因而批判地繼承十七世紀古典主義中那些仍然充滿活力的東西，例如推崇理性，講究真實，倡導現實主義精神等等，是理論發展的邏輯要求，具有歷史的必然性；另一方面，古典主義雖已過時，卻在上一個世紀取得過輝煌成就，它不但產生了高乃依和拉辛，而且培養了法國觀眾的審美趣味和欣賞習慣。在新的時代裏，像《波斯人札記》那種借題發揮的作品固然能引起讀者共鳴，但習慣和風尚仍然視悲劇和史詩為文藝正宗。

這樣的時代特點和歷史情況說明，十八世紀法國資產階級思想家在美學和文藝理論方面完全擯棄古典主義的保守成分，嘗試建立比較完備的新的理論，需要較長時間的探索和有一個逐漸被群眾接受的過程。事實上，直到十八世紀中後期，隨著啟蒙運動高潮的到來，建立美學新理論的工作才由狄德羅著手進行。至於革命時代的資產階級終於徹底擺脫古典主義，形成浪漫主義的文藝觀點並大量產生藝術上成熟的作品，以及影響廣大群眾樹立新的審美標準，更是下一個世紀的事情。既然任何一種新的學說都必須從已有的思想材料出發，新舊學說之間必然存在著批判繼承關係，那麼是否可以這樣說，這種批判繼承關係的具體演進過程一般分為兩個步驟，即從有選擇地改造利用到全面消化創新。就十八世紀法國啟蒙思潮在美學和文藝理論的發展歷史來說，狄德羅體現了第二步的起點，伏

爾泰則標誌了第一步的終點。伏爾泰採取「舊瓶新酒」的辦法利用和改造了古典主義，從而為新的理論脫穎而出創造了條件。這應該就是伏爾泰與古典主義的關係。

在擯棄古典主義某些美學觀點和文藝理論問題上，伏爾泰首先否定古典主義關於美的絕對價值和所謂存在文學藝術創作的永恆標準的觀點。古典主義的理論家布瓦洛等人，依據笛卡爾的唯理論，認為「美」源於理性，與「真」同一，具有「普遍」和「永恆」的本質特徵，文學藝術則有普遍永恆的絕對標準，古代希臘羅馬的作品經受了時間的考驗，是這種絕對標準的體現，也是後人師法的榜樣。伏爾泰在哲學上反對「天賦觀念」、「先定和諧」一類唯心主義形而上學，信奉洛克的唯物主義經驗論，他應用洛克認識論的感覺論原則闡發對美的理解，反對古典主義者根據唯理論哲學觀點推導出的美學思想。他說：我們只把能使我們的感覺和心靈充滿愉快和興奮的東西稱作美。他還寫道：「美這個名稱只給予取悅官能的事，如音樂、繪畫、辯才、詩歌、正規的建築等等。」❶基於這種強調感覺的認識價值的美學思想，伏爾泰認為美不是主觀隨意的，美感的產生在於美的客觀存在，同時也不能脫離感覺來談所謂美的絕對價值。美是主觀與客觀的統一。他舉例說，一服瀉藥並不引起愜意的感覺，因此可以說「詩的美」，卻不能說「瀉藥的美」，雖然詩和瀉藥都作用於感官使人產生感覺和觀念。

把對美的這種理解應用於文學藝術，伏爾泰認為沒有永恆不變的藝術法則，並反對用古典法則來約束當代藝術創作。他在1733年發表的著名理論文章〈論史詩〉中指出，各個民族的生活習慣、

❶　伏爾泰：《哲學通信》中文版，高達官等譯，上海人民出版社1961年版，頁145。

語言和風格彼此始終存在差別。這種差別表現在各民族的藝術中，形成各自特有的美的觀念。他說，既然支配藝術的是生活，而生活本身又是千差萬別和變動不居的，怎麼能用某種籠統的規則來控制藝術呢？每個時代，每個民族，在「文藝共和國」中都有它特殊的趣味，就是兩個相鄰的民族也會有所不同，不可能有完全相同的美感尺度和欣賞習慣。甚至同一個民族經過三、四個世紀以後也會面目全非。生活的變革使人們對美的認識和追求不斷變化，文學藝術在內容和形式上也會隨之改變。他說，在藝術中，也發生了像國家中所發生的同樣多的革命，當人們努力使各種各樣的風格固定不移的時候，這些革命卻在改變它們。他針對極力推崇古代希臘戲劇成就的古典主義評論家說，十七世紀法國人的生活與古希臘人的生活相去甚遠，後人可以而且應該讚美古人作品中被公認為美的東西，但不能盲目崇拜和厚古薄今。他在《哲學辭典》的〈古人與今人〉辭條中寫道，在他看來，高乃依和拉辛的作品高於希臘悲劇，莫里哀也高於「小丑亞里斯多芬」。在〈論悲劇〉一文中，伏爾泰比較古代悲劇和當代悲劇的優缺點，在充分肯定古希臘悲劇藝術成就的同時，再次強調法國悲劇水平超越了希臘悲劇。他寫道：「不論我們對以前的天才給予什麼樣的尊敬，也不能阻止我們從繼承他們的那些人得到更多的快樂。」❷他說，我們讚美索福克勒斯（Sophokles, 約前496–前406），但是如果索福克勒斯生在法國的優秀悲劇作家之後，他也會盡力模仿我們的許多傑作。

上述可見，伏爾泰對待古典主義的許多僵化了的「原則」，採取分析批判的態度。作為十八世紀法國啟蒙文學創作道路的探索

❷ 伏爾泰：〈論悲劇〉，《伏爾泰全集》英文版，第十九卷，上冊，頁124。

者、開拓者，伏爾泰的歷史使命就是衝破古典主義的禁錮。但是，唯其「探索者」、「開拓者」的歷史角色，與啟蒙運動後期出現的一些美學理論和文藝思想（例如狄德羅的美學理論），以及在這些理論影響下產生的藝術作品（例如博馬舍(Beaumarchais, 1732–1799)的《費加羅的婚禮》）相比較，伏爾泰的理論和創作又留有較為明顯的古典主義痕跡。特別是當他有意識地採用「舊瓶新酒」的手法創作時，更容易使人產生誤解，彷彿伏爾泰是古典主義者。

　　瞭解了從十七世紀的古典主義到十八世紀的啟蒙美學是一個從改造利用到全面創新的發展過程，符合任何事物從量的積累到質的飛躍的發展規律，我們就可以說狄德羅美學理論的誕生並非無源之水，不僅有客觀的社會條件和歷史條件，而且符合理論自身的發展邏輯。伏爾泰在啟蒙美學的發展過程中完成了歷史分配給他的利用和改造古典主義的任務，被時代賦予了創新使命的狄德羅確立了怎樣的一些美學原則呢？

　　狄德羅在他的美學專論《關於美的根源及其本質的哲學探討》中回答了這個問題。狄德羅在這篇專論中首先指出，人們談論得最多的事物往往是人們最不熟悉的事物，許多事物如此，美的本質也是這樣。大家都在談論美，在自然界的事物中欣賞美，在藝術作品中要求美，時刻都在品評這個美那個不美。但是，如果要問什麼是美的根源、美的本質，美的精確概念和確切的涵義是什麼，美是絕對的還是相對的，是否有一種永恆的、不變的、能作為起碼的尺度和典範的美，抑或美也只是類似一時時尚的東西沒有一定之規，馬上就會看到人們的看法是各不相同的。有些人承認自己無知，有些人則表示懷疑。狄德羅說，由此可見，關於美的問題並不簡單，長期以來人們並沒有解決這個問題。

在文章中，狄德羅回顧歷史，考察「那些對美寫過卓越論著的作者的見解」，他得出的結論是過去的美學家們都沒有把美的本質解釋清楚。例如柏拉圖，與其說他在告訴我們什麼是美，倒不如說他在告訴我們什麼是不美；其他人的說法也不能令人滿意：奧古斯丁把美歸結為統一，沃爾夫(Wolf, 1679-1754)把美和美所引起的愉快混為一談，克魯薩(Crousaz, 1663-1750)繁瑣地把美的特徵規定為五個（多樣化、統一、規則、秩序、比例），哈奇生(Hutcheson, 1694-1747)把美說成是由人的內部感官所謂「第六感官」所把握的東西，舍夫茨伯利把有用看作美的唯一基礎，等等。

狄德羅決心自己來回答「什麼是美」這個問題。

狄德羅繼承伏爾泰美學探索中的哲學原則，反對對美的唯心主義理解，力圖用唯物主義的認識論來說明美的概念是如何產生的。他說，我們的感覺和思維的機能是與生俱來的，思維機能的第一步在於對感覺進行考察，把各種感覺加以聯繫、比較、組合，查明它們相互之間的協調和不協調的關係等等。狄德羅說：「這就是我們的需要和我們的機能的最直接的運用，而自我們出生，它們便共同向我們提供關於秩序、配合、對稱、結構、比例、統一的概念，所有這些概念都來自感官」❸，它們不是天賦的，也不是上帝置於我們心中的，而是建築於經驗之上，是後天產生的。他說，即使沒有上帝，我們也同樣會有這些概念，它們存在於我們心中遠遠先於上帝存在的概念，它們與長、寬、深、量、數的概念同樣實在，同樣清晰，同樣明確，同樣真實。狄德羅寫道：「不管人們用什麼崇高

---

❸　狄德羅：《關於美的根源及其本質的哲學探討》中文版，張冠堯、桂裕芳譯，載《狄德羅美學論文選》；人民文學出版社1984年版（下同），頁23。

的字眼來稱呼這些關於秩序、比例、關係、和諧的抽象概念——人們願意的話，也可稱之為永恆的、本原的、至高無上的、美的基本法則，這些概念總是通過我們的感官進入我們的悟性，正如那最卑微的概念一樣，並且它們只是我們頭腦中的抽象物而已。」❹這就是說，狄德羅認為概念雖是主觀的，但它並非沒有客觀來源，當我們的悟性中產生秩序、關係、比例、對稱等概念時，這些概念在我們周圍的事物中早已存在。換言之，概念是外部世界客觀事物引起的，而不是主觀自生的，概念是客觀事物的性質在人的頭腦裡的反映。

顯然，這是明白無誤的唯物主義的認識論。它認為存在是第一性的，意識、概念是第二性的。用這樣的觀點去解釋美，就必然得出唯物主義的結論：美是客觀事物的一種性質，美的概念就是事物的這種性質在我們心中所喚醒的。

既言美是客觀事物中的一種性質，那麼它是怎樣一種性質呢？狄德羅指出，美是一個我們應用於無數存在物的名詞，它是我們稱之為美的一切事物所共有的一種性質，這種性質的存在就使事物成為美，這種性質的多少就使事物有較多或較少的美。這種性質不存在就使事物不再美。總之，事物中存在的就是這樣一種性質，「美因它而產生，而增長，而千變萬化，而衰退，而消失」，而且「只有關係這個概念才能產生這樣的效果」❺。狄德羅說：「我把凡是本身含有某種因素，能夠在我的悟性中喚起關係這個概念的，叫作外在於我的美；凡是喚起這個概念的一切，我稱之為關係到我的美。」❻從狄德羅的這兩段話裡可以看到，他對美提出了一個全新

---

❹　同❸。

❺　《狄德羅美學論文選》，頁25。

的觀點：美是關係，同時把客觀事物本身的美和這種美在人的主觀上的反映區分開來，前者即他所謂「外在於我的美」，後者則稱之為「關係到我的美」，即與我有關的美。顯然，狄德羅認為事物本身所具有的各種形式和人們關於這些形式的概念是有區別的，不能混淆。客觀事物本身的美是不依人的主觀感覺為轉移的，不管你感覺到還是感覺不到它的美，它仍然是美的。他說，「我的悟性不往物體裡加進任何東西，也不從它那裡取走任何東西。不論我想到還是沒想到羅浮宮的門面，其一切組成部分依然具有原來的這種或那種形狀，其各部分之間依然是原有的這種或那種安排；不管有人還是沒有人，它並不因此而減其美」❼。但是，客觀事物所具有的這種美能否為人所欣賞，就要取決於人的主觀條件。羅浮宮的美僅僅對於與我們有相同身心結構和情趣的人才能欣賞，對於別的人，羅浮宮的建築正面可能既不美也不醜，也許有人乾脆認為是醜的。狄德羅說：「由此得出結論，雖然沒有絕對美，但從我們的角度來看，存在著兩種美，真實的美和見到的美。」❽

狄德羅的「存在著兩種美」的思想深刻地反映了他的唯物主義的哲學立場和具有辯證思維特點的認識論原則。他用「真實的美」或「實在的美」表達了到主體之外即物質世界尋找美的根源的思想，反對唯心主義者把美歸為主觀的東西，承認有客觀的美的存在；他用「見到的美」表明要認識和欣賞美不能不涉及審美的主體，主體在審美的過程中發揮作用，美是主體和客體相互關係和相互作用的結果。沒有「實在的美」就談不到對美的認識，沒有「見

---

❻　同❺。

❼　同❺。

❽　同❺。

到的美」美就是「自在之物」，同樣談不到對美的認識。狄德羅指
出，審美判斷幾乎總是屬於相對的美，而不是屬於實在的美。他在
承認美的客觀性的同時反對把美絕對化，不承認存在「絕對美」。

　　狄德羅「美是關係」的觀點十分新穎又頗費解。實際上他用
「關係」一詞來概括形成美感的一切主觀和客觀條件。他不僅否定
存在絕對的美，也不承認存在抽象的美，美總是與一定條件相聯
繫，因而是相對的、具體的。什麼是「關係」？狄德羅解釋說：一
般說來，關係是一種悟性的活動，悟性在考慮一個物體或者一種品
質時往往假定存在著另一個物體或另一個品質。當我說一個人是個
好父親時，我是觀察他身上的一種品質，這種品質意味著存在另一
種品質，即兒子的品質。其他的關係，不論什麼關係，都是如此。
狄德羅說：「由此得出結論，儘管從感覺上說，關係只存在於我們
的悟性裡，但它的基礎則在客觀事物之中」❾。從狄德羅的解釋可
以看到，他所謂關係，是指客觀地存在於事物之間的聯繫以及這些
聯繫在人的認識中的反映。事物之間不同的聯繫決定了不同的關
係，就審美來說，這種客觀的聯繫使人產生不同的美感。狄德羅
說：人們在道德方面觀察關係，就有了道德的美；在文學作品中觀
察，就有了文學的美；在音樂作品中觀察，就有了音樂的美；在大
自然的作品中觀察，就有了自然的美；在人類的機械工藝的作品中
觀察，就有了人為的美；在表現藝術或自然的作品中觀察，就有了
模仿的美。他寫道：「不論哪個物體，不論你從哪個角度來觀察同
一物體中的關係，美將獲得不同的名稱。」❿

　　本書第二章討論狄德羅的哲學思想時，在第四節裡，我們曾經

---

❾　同❺，頁30。

❿　同❺，頁26。

談過狄德羅注意到客觀事物普遍聯繫的現象，甚至說過「如果現象不是彼此聯繫著就根本沒有哲學」這樣高度重視事物普遍聯繫問題的話，表明他已突破機械論形而上學的局限性而對辯證法的這一重要原理有所領悟。狄德羅關於「美是關係」的論斷，正是這種「領悟」的突出例證。按照狄德羅的看法，有些事物本無所謂美不美，但是當它處於一定的環境或事物之間相互聯繫的關係時，它就有了美與醜的區別。為了說明這層意思，狄德羅舉高乃依名劇《賀拉斯》一句臺詞為例。他說，《賀拉斯》裡有一句臺詞「讓他死！」，如果孤立地看這句話很平常，既不美也不醜，把它放在特定的環境裡聯繫全劇的情節去看，「讓他死！」關係著祖國的榮譽和體現了英勇獻身的精神，這句很普通的話就變得非常之美，「終於顯得崇高偉大」。狄德羅繼續說，如果把環境和關係改變一下，把「讓他死！」從法國戲劇裡搬到意大利舞臺上，把悲劇變成喜劇，把老英雄賀拉斯為了祖國獻出最後一個兒子的壯舉變成一個喜劇小丑的插科打諢，這句臺詞就變成逗趣的玩笑無美可言了。因此狄德羅強調要在事物和現象的普遍聯繫中把握美，認為「美總是隨著關係而產生，而增長，而變化，而衰退，而消失」⓫。

在對「美是關係」的論述中，狄德羅反覆指出對「關係」的認識固然是人的悟性的一種作用，但關係並非人的智力虛構出來的，而是事物之間存在著的實在的關係在人們頭腦中的反映。他說：「因此我說，一個物體之所以美是由於人們覺察到它身上的各種關係，我指的不是由我們的想像力移植到物體上的智力或虛構的關係，而是存在於事物本身的真實的關係，這些關係是我們的悟性借助我們感官而覺察到的。」⓬

⓫　同❺，頁29。

　　狄德羅「美是關係」的思想所體現的對辯證法則的領悟，還表現在他承認美的概念的歷史發展，反對把美絕對化和凝固化。他指出，野蠻民族和已開化的民族所讚賞的東西不一樣，兒童和成人認為美的東西也不一樣，野蠻人看到玻璃耳墜、黃銅戒指、銅鐵手鐲就著了迷，而文明人只留意高度完美的作品，原始人把美麗、華麗等詞濫用來稱呼小屋、草房和倉房，而現代人只用這些詞稱呼人類才能的最高創造，對於這種美的觀念的發展，是可以用關係來解釋的，「把美歸結為對關係的感覺，你就會獲得自古以來美的發展史」❸。狄德羅還認為，由於種種原因，人們對「關係」的認識也有所不同，並由此產生對美的不同意見，在這個意義上說，應該承認美的相對性。他列舉了造成人們關於美的判斷分歧的十二種根源，所有這些分歧都是人們在自然物和藝術品中所見到或增入的關係的差異的結果。狄德羅指出，儘管存在這種判斷上的分歧，卻不能否定存在實在的美。換言之，無論人們對美的看法如何不同，卻不能否認存在實在的美。人們對美的認識的相對性，並不能否定美的客觀性。

　　如果說狄德羅關於什麼是美和美的來源、美的本質的議論還主要是從哲學的高度作比較抽象的思考的話，當他轉而研究具體的藝術理論問題時，他對自己的美學理論結合文藝創作作了進一步的、多方面的發揮，提出了不少體現啟蒙意識的觀點。其中最重要的是關於真善美統一的觀點、關於尊崇自然的觀點、關於文學藝術的教化作用的觀點。

　　先談狄德羅關於真善美統一的觀點。

---

❷　同❺，頁31。

❸　同❺，頁34。

「真善美」是美學理論和文藝創作永恆的追求，幾乎沒有哪一派美學不講真善美，也幾乎沒有哪一種文學藝術創作不蘊含作者對真善美的渴望。即使作品反映的是「假惡醜」，作者寫在作品背後的潛臺詞仍然是真善美，儘管人們對什麼是真善美和如何達到真善美的意見各不相同。狄德羅主張真善美統一論。在《畫論》第七章，狄德羅寫道：「真、善、美是緊密結合在一起的。在真或善之上加上某種罕見的、令人注目的情景，真就變成美了，善也就變成美了。」❶這裡所說的「真」指真理；這裡所說的「善」指道德。在《拉摩的侄兒》一書中，狄德羅把真善美稱為「三位一體的自然王國」，並形象地說真是聖父，由它產生的善是聖子，再由聖子產生的美是聖靈。在狄德羅看來，美源於善，善源於真，真善美三位一體有機結合不可或缺。實際上狄德羅把真和善看成藝術的內容，把美看作真和善的表現形式。狄德羅認為，一個作品，不論是文學作品還是繪畫雕刻，其價值首先是由真和善決定的，他說沒有偉大的思想就創造不出偉大的作品，任何雕刻和繪畫都應該是一句偉大格言的體現，都應該是對觀賞者所上的生動一課。狄德羅關於文學藝術作品的社會作用和教化功能的觀點下文還要討論，這裡我們要說的是，儘管狄德羅極端強調文藝作品弘揚真理、傳播美德的作用，但他並不因強調文藝的教化功能而忽視作品的藝術性，他在《論戲劇詩》裡說：教育人、取悅於人，這一切都要做得毫不牽強。假使別人發現了你的目的，你就沒有達到目的，那時你就不是在對話而是在說教了。狄德羅反對古典主義講究形式的傳統，反對從形式美出發制定種種清規戒律，反對任何表現形式的矯揉造作，提倡質樸自然的風格。狄德羅認為一個成功的作品必定是真善美統

❶　同❺，頁429。

一的作品，沒有真和善談不到美，沒有美真和善也會顯得彆腳。

　　與真善美統一論相聯繫，狄德羅十分重視藝術家的自我修養。他說吝嗇鬼、迷信者、偽君子都不會寫出偉大作品，詩人、藝術家作為人類的教導者、人生痛苦的慰藉者、罪惡的懲罰者、德行的酬謝者，應該首先把握住真、善、美的理想。他寫道：「真理和美德是藝術的兩個朋友。你想當作家嗎？你想當批評家嗎？那就請首先做一個有德行的人。如果一個人沒有深刻的感情，別人對他還能有什麼指望？而我們除了被自然中的兩項最有力的東西——真理和美德深深地感動以外，還能被什麼感動呢？」❺他勸從藝者努力讀書掌握真理，僅有正直的頭腦和同情心還不夠，還要對事物形成正確的概念，用行為對照職責，把自己培養成一個善良的人。他用樂器不調好音怎能發出正確的和聲作比喻告誡說：「不要以為學習為人之道而付出的勞動和光陰對於一個作家來說是白費的，從你將在你的性格、作風中建立起來的高尚道德品質裡散發出一種偉大、正義的光彩，它會籠罩你的一切作品。」❻

　　再談狄德羅關於尊崇自然的觀點。

　　尊崇自然是啟蒙學者的共識。自然法理論的前提就是自然秩序和自然權利天然合理。盧梭最簡潔地概括了啟蒙學者們的共同信念，叫作「凡是自然的都是合理的」。狄德羅當然也不例外，他的美學和文藝理論的根本出發點也是尊崇自然。他說：「大自然的產物沒有一樣是不得當的。任何形式，不管是美的還是醜的，都有它形成的原因；而且在所有存在著的物體中，個個都是該什麼樣，就長成什麼樣子的。」❼狄德羅認為自然界的一切都是天然合理的，

---

❺　同❹，頁227。

❻　同❹，頁228。

一切自然現象都受因果關係制約，都有隱祕的聯繫和必然的配合。一個自青年時代起就失明的婦女，或是一個駝背的男子，身體的各個部分都會相應地發生變化，你可以說這是畸形，長得不好看，但那是拿我們的可憐的「規則」作標準的，如果從自然法則來看並非如此，因為身體和器官長得奇形怪狀都是符合自然的因果關係的。狄德羅由此提出一條重要原則：「如果因果關係明顯地擺在我們面前，那末，我們最好是完全按照物體的原樣把它們表現出來。模仿得愈周全，愈符合因果關係，我們就愈滿意。」⓮

上述原則是狄德羅在《畫論》中針對素描而寫的，他反覆解釋了這個原則的涵義。他說，人的形象是個十分複雜的體系，以致對因果關係原則的哪怕是覺察不出的背離，也會使最完善的藝術作品與大自然的創造相去千里。他說，畫人體講究比例，一個二十五歲的人，而且是沒做過什麼事，沒有因勞作改變了形體的人可能符合這些比例，「但是據我所知，在專制的自然面前，這些比例絕對站不住腳，人的年齡和身分通過各種方式破壞這個比例。」⓯他說，我從來沒有聽說有人批評這樣一幅人像畫得不好，因為所畫的人物形象能夠在外部結構上很好地說明這個人的年齡、習慣或者從事日常工作的技能。正是這些日常工作確定了形象的大小，每個肢體的正確比例和它們的整體，我從中看出這是孩子、成人、老年人、野蠻人、文明人、官吏、軍人還是搬運夫。

從狄德羅提出的原則和他對這個原則的說明中可以看到，在自然和藝術的關係上，狄德羅始終把自然放在第一位，而認為藝術不

⓱　同❺，頁363。

⓮　同❺，頁364。

⓯　同❺，頁365。

過是對自然的模仿或自然的再現。在他看來，自然是一切藝術的源泉和基礎，只要離開了自然，藝術就會走到邪路上去。他認為藝術家的職責就是「讓您的趣味和天才指導您，把自然和真實表現給我們看。」⓴他明確指出：「自然，自然！人們是無法違抗它的。要麼把它趕走，要麼服從它。」㉑

　　狄德羅美學和文藝理論強調尊崇自然的觀點與十八世紀法國文藝理論和藝術實踐中古典主義傳統的巨大影響直接對立，有力地促進了啟蒙思潮在法國文學藝術理論和創作活動中的影響，對最終形成有利於法國資本主義發展的啟蒙文化和現實主義的文藝作出貢獻。前文已述，伏爾泰在啟蒙運動前期還不得不用「舊瓶新酒」或「舊調新詞」的方式改造利用古典主義，他雖批判和改造了古典主義的某些「規則」，但沒有也還不可能創立新的美學原理和文學藝術理論體系取代古典主義。例如古典主義最看重師法古代希臘悲劇的悲劇創作，認為喜劇不宜表現嚴肅主題，伏爾泰雖然創作了表現嚴肅主題並讓第三等級形象成為劇中主角的《納尼娜》等成功的喜劇，但仍以創作遵守古典主義「規則」的悲劇為主，儘管主題思想表達了啟蒙精神，形式卻仍然是舊的。狄德羅的文藝理論卻完全打破了這種局面，特別是他反覆強調尊崇自然、摹寫自然的觀點，對破除古典主義的影響起了很大作用。

　　其實尊崇自然、模仿自然的思想早在古希臘美學中已經有人提出，而且十七世紀法國的古典主義者也是鼓吹模仿自然的，只是古典主義者所說的「自然」與狄德羅所說的自然內涵不同。例如古典主義的理論家布瓦洛在其《詩的藝術》一書中就一再說：你們唯一

⓴　同❺，頁213。

㉑　同⓴。

鑽研的就該是自然，永遠也不能和自然寸步相離，等等。但是古典主義美學的哲學基礎是唯心主義的唯理論，布瓦洛等古典主義理論家所說的「自然」並不是指自然界或高山大河天然風景的自然，而是指理性所瞭解的「常情常理」和以偉大的帝王將相為標本所表現出來的「自然人性」。他們的自然是經過唯理論「整理」過的自然、「純化」了的自然。在他們的理解中，「粗糙的自然」經過理性的「透析」所得到的永恆的人性，才是一切文學藝術所描寫和模仿的對象。狄德羅否定了古典主義對自然和藝術模仿自然的唯心主義的理解，恢復古代美學家對自然雖然素樸但符合自然本來面目的認識，並對尊崇自然、模仿自然的古老命題作出全新的論證和闡釋。

狄德羅認為藝術的首要任務是如實地反映客觀物質世界，再現生活的真實。在《美論》中他已經論證過真善美的統一性，在〈關於「私生子」的談話〉中他又說：「只有建立在和自然萬物的關係上的美才是持久的美……藝術中的美和哲學中的真理有著共同的基礎。真理是什麼？就是我們的判斷符合事物的實際。模仿的美是什麼？就是形象與實體相吻合。」❷在狄德羅看來，必須按照事物的本來面目去描繪它們，藝術家越是接近現實生活，他的作品越是忠實於生活的真實，他就越是成功，用狄德羅的語言來說就是：自然是藝術的第一個模特兒。

懷抱這種尊崇自然的信念，狄德羅認為一切自然事物和現象，現實生活的一切領域，都應該是藝術的對象。他號召藝術家走出自己狹小的圈子，深入生活，努力擺脫陳規陋習的束縛，直接從現實生活中尋找創作的源泉。他在《畫論》中說，希望畫家和學繪畫的學生少在學校和博物館討生活，而到真實的生活中尋找形象和靈

---

❷　同❺，頁114。

感，他勸學繪畫的學生不要總是去羅浮宮畫素描，說羅浮宮是「販賣矯揉造作風格的舖子」❷。他反對學畫的年輕學生成年累月在學校畫那些矯揉造作擺姿態的模特兒，而要到現實生活中畫一個個真實的動作，他說：「姿態是一回事，動作又是一回事。任何姿態都是虛偽而渺小的，任何動作都是美麗而真實的。」❷他認為脫離自然、脫離生活的真實必然是矯揉造作，而矯揉造作正是古典主義的弊病。他對年輕畫家說：「還是上沙特婁（Les Chartreux, 巴黎一修道院，1790年拆除）去走一遭，你們就會看到虔敬和懺悔的真實姿態。今天是大禮拜的前夕，你們到教區去圍著懺悔臺走一圈，你們就會看到靜思和悔過的真實姿態。明天，你們到鄉村小酒店去，你們會看到人們在發怒時的真實動作。你們要尋找公眾聚會的場景，觀察街道、公園、市場和室內，這樣，你們對生活中的真實動作就會有正確的概念。請留心看看正在吵架的兩個同學，看看爭吵怎樣在他們不知不覺間支配了他們四肢的姿態。仔細研究一下，你們就會對教師乏味的講課和你們那個乏味的模特兒的模仿感到遺憾。」❷狄德羅教導學生們準備拋棄已經學到的那些虛偽的東西而學習勒絮爾(Le Sueur, 1617–1655)的樸素和真實，否則難有成就。

尊崇自然的原則在藝術作品中的反映就是真實，所以狄德羅強調文藝作品的全部力量就在於真實，離開生活真實的過分的誇張，對生活的美化和醜化，都只能對藝術造成損害。狄德羅非常推崇英國作家理查遜的小說，主要因為理查遜表現了生活的真實。不過應該強調的是，狄德羅雖然主張藝術必須揭示生活的真實，但他並不

❷　同❺，頁368。
❷　同❺，頁369。
❷　同❺，頁368。

把藝術和生活混為一談。他認為藝術雖然反映現實，但藝術畢竟不
是現實。藝術家並不能按原樣創造出完完全全的現實事物，而只能
或多或少創造一個接近原本的「譯本」。狄德羅說：「偉大的藝術就
在於盡可能地接近於自然，它在藝術表現方面的得失是與此成比例
的；但是，藝術已經不再是實在的、真實的現象，而可以說只不過
是這種現象的譯本了。」❷❻譯本的說法十分形象地表達了狄德羅關
於藝術的真實與生活的真實的關係。事實上在狄德羅看來，譯本和
原本是有區別的，藝術家筆下的太陽並不是自然界的太陽。藝術品
不可能也不需要複製「原本」的每一個細節，而只需反映「原本」
的主要特徵就夠了。藝術品唯其並非「原本」，容許存在某種虛構
成份。藝術的真實不排除虛構。狄德羅反對機械地、奴隸般地摹寫
自然，他的看法與自然主義是不同的。他說，不應該要求藝術照抄
自然界的一切，因為這是做不到的事，藝術只要求作到「逼真」。
逼真就是忠實於原本，因為「自然的真實乃是藝術中的逼真的基
礎。」❷❼

　　狄德羅還將藝術的真實和哲學與歷史的真實作了比較。狄德羅
認為藝術的真實有別於哲學和歷史，具有自己的特點。哲學是根據
事實進行推理，藝術則根據假設進行推理，並要求善於想像。他舉
詩為例說，詩裡的真實是一回事，哲學裡的真實是另一回事。哲學
家說的道理應該符合事物的本質，詩人的詩句只求和他所塑造的性
格相符。狄德羅認為藝術與歷史的區別是，藝術的真實性要少些而
逼真性要多些。藝術家可以假想出一些事件，杜撰一些言詞，可以
對歷史添枝加葉，對藝術家來說，重要的是要遵照自然的程序不失

❷❻　《狄德羅全集》法文版，第十卷，頁187–188。

❷❼　同❷❻，第十二卷，頁107。

其為逼真。同時，藝術也有一個很大的優越性，就是它的目的比歷史著作的目的更一般化，因為它不受歷史事實的束縛，允許想像充分發揮作用，雖然想像也有其範圍和規範。

最後談到狄德羅關於文藝的社會作用和教化功能的觀點。

強調文學藝術的社會作用和教化功能，充分體現了狄德羅美學思想和文藝理論的啟蒙主義性質。像伏爾泰一樣，狄德羅從事美學理論研究和文學藝術的評論以及創作，與他研究哲學或編輯《百科全書》一樣，有一個十分明確的目的，就是與封建的專制主義和教權主義鬥爭，反對一切封建的意識形態，為民主和自由吶喊。具體到美學和文藝理論問題，狄德羅的直接目標是破除古典主義對文學藝術的統治，用適合資產階級和第三等級需要的新的美學原理和藝術實踐，取代為專制主義塗脂抹粉的古典主義。因此，狄德羅步伏爾泰後塵，直言不諱文學藝術的社會作用，強調文藝教育和啟發群眾覺悟以及揭露封建主義罪惡的功能。在啟蒙主義的藝術哲學中，沒有「為藝術而藝術」的虛偽和假清高。

狄德羅深知藝術借助想像的作用可以使理性判斷轉化為生動感人的藝術形象，因而人們從藝術中所接受的印象往往比一般著作更為具體、深刻和強烈。所以狄德羅對文學藝術的社會作用，特別是在啟發和教育群眾、把人民從愚昧和偏見中解放出來發揮作用抱有充分信心和給予很高評價。他說：「倘使一切模仿性藝術都樹立起一個共同目標，倘使有一天它們幫助法律引導我們熱愛道德而憎恨罪惡，人們將會得到多大好處！」❷

具體來說，狄德羅對文學藝術的社會作用的認識主要表現為如下三點：

---

❷　同❺，頁138。

第一，狄德羅認為文學藝術具有認識作用。文學藝術能幫助人們認識世界，認識自然，認識社會，認識生活。他要求藝術真實地反映生活，目的是使人們通過欣賞藝術作品認識生活的真實面貌。他說，在畫布上放一件東西的目的是要讓別人看到和辨識它的真相。在論述文學藝術的認識作用時，狄德羅提出了一個十分深刻的思想，即他認為藝術的作用是幫助人們認識通常被忽略的生活中的重要事物和有意義的瞬間。他指出，人們的日常生活中，各種各樣的事情天天在眼前發生，留下的印象卻是微弱的、一縱即逝的，有些事情甚至被人們所忽略而永遠看不見。藝術的作用就在於不斷使人們回頭注意到生活中的重要事物。他說：「偉大詩人和偉大畫家的藝術，就是使你們看見一個你們所忽略過去的瞬間的狀況。」❷

第二，狄德羅認為文學藝術具有教育人的作用。相信文學藝術可以起到啟迪民智、破除迷信和提高人民的道德水平的作用是啟蒙學者的普遍認識，只有盧梭持相反觀點。在這個問題上狄德羅與盧梭針鋒相對。盧梭為批判封建文化腐朽沒落，錯誤地全盤否定了科學文化藝術。他在獲獎論文〈論科學與藝術〉中提出科學和文化藝術的發展使人類墮落導致傷風敗俗，而不是敦風化俗，因此主張拋棄文明「返歸自然」，並因《百科全書》刊載達朗貝寫的〈日內瓦〉辭條中有支持日內瓦建劇院的意見而與百科全書派決裂。狄德羅與盧梭的意見相反。狄德羅雖然也反對封建貴族文化，但不一般地否定文化藝術，而是充分肯定文學藝術的教育作用。他認為劇院不僅不是使人道德墮落的場所，而且是進行社會道德教育的學校。他說：「只有在戲院的池座裡，好人和壞人的眼淚才融匯在一起。在這裡，壞人會對自己可能犯過的惡行感到不安，會對自己曾給別

---

❷ 同❺，頁353。

人造成的痛苦產生同情，會對一個正是具有他那種品性的人表示氣憤。當我們有所感的時候，不管我們願意不願意，這個感觸總會銘刻在我們心頭的；那個壞人走出包廂，已經比較不那麼傾向作惡了，這比被一個嚴厲而生硬的說教者痛斥一頓要有效得多。」❸狄德羅認為各種形式的文藝都可以起到啟發心靈、傳播理性的作用，從而達到啟蒙的目的。他在《論戲劇詩》中指出：任何一個民族總有些偏見有待摒棄，有些惡習需要譴責，有些可笑的事情有待貶斥，因而任何一個民族都需要適於他們的戲劇作為移風易俗的手段。他在《畫論》裏也說：使德行顯得可愛，惡行顯得可憎，荒唐事顯得觸目，這就是一切手持筆桿、畫筆或雕刻刀的正派人的宗旨。

　　第三，狄德羅認為要很好地發揮文學藝術的社會作用，藝術家要關心社會問題，要有明確的傾向性，通過藝術形象表達自己的愛憎感情。狄德羅認為藝術應該頌揚偉大美好的行為而使它垂之久遠，尊敬遇難受冤的有德行為，揭發成功得意的惡劣行為，威嚇殘民以逞的統治者；藝術要為正直的人主持正義，對暴君提出「判決書」。狄德羅號召藝術家在作品中大膽表達自己的政治傾向，通過人物形象的性格描寫表達作者的政治理念。他說：「共和國是講平等的。任何國民都把自己看成是一個小君主。共和國人民的神氣是高傲、嚴厲和自豪的……在專制統治下，美是奴隸的美。奴隸的面容是溫和、順從、腼腆、謹慎、哀求和謙恭的面容。奴隸低頭走路，彷彿他總是伸出頭來等待那斫人的劍鋒。」❹他認為如此典型的性格，正折射出社會的面貌，也反映出作者的傾向。狄德羅時刻

---

❸　同❺，頁137。

❹　同❺，頁394。

不忘自己的啟蒙使命，他認為藝術家要敢於干涉生活，敢於涉及重大社會問題，敢於表達令「全國人民因嚴肅地考慮問題而坐臥不安」❸的主題，敢於通過自己的作品使人們的思想「激動起來，躊躇不決，搖擺不定，茫然不知所措；你的觀眾將和地震區的居民一樣，看到房屋的牆壁在搖晃，覺得土地在他們的足下陷裂」❸。狄德羅認為一部作品如果能達到這樣的效果，最能體現文學藝術的社會作用。實際上他是號召藝術家投入反對封建專制、反對宗教迷誤和教權主義的鬥爭中來，要啟迪人民思考，要使麻木的心靈震動。他告誡戲劇家們說：「啊，戲劇詩人喲！你們要爭取的真正喝彩不是一句漂亮的詩句以後陡然發出的掌聲，而是長時間靜默的抑壓以後發自內心的一聲深沈的嘆息」❸。他還說：「效果長期存留在我們心上的詩人，才是卓越的詩人。」❸

　　總之作為一個啟蒙學者，狄德羅十分看重文學藝術的社會作用和教化功能，他和伏爾泰、孟德斯鳩等啟蒙前輩一樣，要調動一切文化手段與封建勢力和宗教迷誤鬥爭。狄德羅不僅反對古典主義只反映宮廷趣味和貴族閒適生活的消遣旨趣，而且把文學藝術看作大眾化的宣傳手段，要通過滲透了啟蒙意識的文學作品、戲劇演出、繪畫雕刻等等藝術形式，宣傳自由、平等、博愛精神，反對貴族特權，反對封建專制，反對宗教迷誤，反對教會統治。他的美學的創新意義，不僅體現在哲學的層次，而且貫徹於他關於文學藝術的理論和實踐中。

---

❸　同❺，頁139。

❸　同❸。

❸　同❺，頁139。

❸　同❺，頁139。

二、狄德羅的小說創作及其風格

　　前文論述十八世紀法國啟蒙主義美學和文藝理論的歷史發展經過了伏爾泰的「破舊」和狄德羅的「立新」兩個階段時，作者曾經指出，十七世紀以來，在古典主義統治下的法國文壇，人們看重的只是悲劇和史詩，其他的文藝樣式受到輕視和排擠。唯其如此，直到十八世紀啟蒙小說異軍突起，作為重要文學形式的小說在法國不僅沒有在文壇佔有一席之地，而且本身也長期處於十分幼稚的狀態。實際情況是，在孟德斯鳩、伏爾泰、狄德羅和盧梭的小說出現以前，法國文壇除了一些騎士小說之外，小說家們只是寫一些風流韻事的放蕩故事和英雄落難與奇遇一類的俗套逸聞，即使到了十八世紀前半葉，法國的小說家們在作品的內容、技巧和形式上有所前進，但仍不能把社會的現實生活用真正小說的體裁表現出來，這時的「小說」仍然只是像記日記或報流水賬一般把事實片段羅列在一起，「情節」和「人物」的概念還相當模糊，內容則限於某些抒情的東西和色情的故事，總之小說創作的範圍極其狹窄，題材十分有限，內容相當貧乏。啟蒙思潮的興起在法國文壇掀起軒然大波，伴隨啟蒙學者一部部哲學和政治理論著作以及戲劇、詩作相繼問世，啟蒙小說也使人耳目一新。除狄德羅之外，孟德斯鳩的《波斯人信札》、伏爾泰的《老實人》、《天真漢》、盧梭的《愛彌爾》和《新愛洛依絲》等等，像一股颶風掃蕩了法國文壇古典主義的酸腐臭氣，不僅在反對封建專制和教權主義的鬥爭中發揮了戰鬥作用，而且在文學的發展史上為下一世紀法國小說彪炳世界打下堅實基礎。在法國啟蒙文學的這一豐功偉業中，狄德羅也作出了相當大的貢獻。

　　狄德羅一生創作了五個中篇小說和若干短篇小說。中篇和它們的寫作時間是：《泄密首飾》(1748)、《白鳥·童話》(1748)、《修女》(1760)、《拉摩的侄兒》(1762年初稿，1779年定稿)、《宿命論者雅克和他的主人》(1773)，短篇小說有《一個父親和他的孩子的談話》和《這不是故事》(均於1773年發表)等。除《泄密首飾》以外，其他中篇小說都是在狄德羅逝世以後才出版的，生前只在少數人之間以手抄本形式流傳，其中比較重要的是《修女》、《拉摩的侄兒》和《宿命論者雅克和他的主人》。

　　《修女》的故事梗概和反教權主題本書第三章已有評介。

　　《宿命論者雅克和他的主人》通過主人公雅克的生活遭遇揭露了封建社會的腐朽黑暗。作者讓雅克和他的主人在法國的大道上遊蕩，通過主僕二人的一路見聞和他們之間的對話，全景式地揭示了十八世紀下半葉法國的社會面貌。他們住過農民的家，坐過小飯館，逛過市場，看過法庭，到過強盜窩，參加過農民的婚禮，拜訪過貴族城堡，也參觀過城市監獄；出現在小說裏的人物更是應有盡有：神父、農民、法官、被告、貴族、工匠、冒險家、學者、軍官、妓女、規矩的資產者、小酒店老闆、士兵、上流社會的婦女等等，各個階層，各種職業，五花八門，簡直是各種性格、各種場合、各種事件的萬花筒。小說展現在讀者面前的是大革命爆發前法國社會最廣闊的畫卷。

　　讀過《宿命論者雅克和他的主人》，不禁使人聯想到塞萬提斯(Cervantes, 1547–1616)的《唐·吉訶德》。人們稱雅克是法國的桑丘。不過時代不同了，狄德羅創作的雅克和二百年前塞萬提斯筆下的桑丘兩個僕從形象也發生了巨大變化。雅克比桑丘更勇敢，更聰明，更富哲理，更能獨立思考。已經不是吉訶德老先生教訓桑丘，

而是雅克指揮他的主人。主人的面貌也發生了深刻變化。雅克的主人早已沒有唐・吉訶德行俠尚義的騎士風度和耽於幻想的正義鬥士的高貴氣質，而是意志薄弱、膽小如鼠、離開雅克只會不停地看錶和吸鼻煙的可憐蟲。總之這部小說相當客觀地記述了十八世紀下半葉法國的階級形勢，第三等級已經覺醒和壯大，封建勢力則更趨沒落。小說不僅繼續揭露封建統治者的腐化墮落和教士們詭計多端、虛情假意、心懷叵測、利欲薰心的醜惡嘴臉，而且加強了對第三等級各色人等美好品質的頌揚，除雅克外，小說裡的其他普通人物也都具有頭腦清醒、勤勞、幽默、樂觀、善良的品質。例如小說寫到雅克受了傷，一對貧窮的農民夫婦照看他，儘管丈夫責怪妻子為客人增加了開銷，卻仍然為雅克治傷和看護他；而雅克遇到打碎了牛奶罐的貧婦時，也慷慨地把自己最後幾個蘇給了不幸的貧婦，她則有機會時就會報答他。小說作者對第三等級的這些小人物的品德發表議論說：「他們本身的貧困使他們富於憐憫心。」《宿命論者雅克和他的主人》中間還穿插了不少小故事，同樣貫徹了小說的主題，特別是雅克說到他的舊主人連長和連長的朋友之間又愛又恨的關係並最終導致決鬥時，小說作者發表議論說：「決鬥在社會上以各種各樣的方式在教士之間、在官吏之間、在文學家之間、在哲學家之間進行著；每一種職業都有自己的長槍和騎士。鬥爭以新的形式進行著──這就是社會的規律。不是你戰勝敵人，就是敵人卡住你的喉嚨，迫使你成為他的奴隸。整體正是通過個別才顯現其意義。」《宿命論者雅克和他的主人》是狄德羅晚年之作，出此驚人之語不僅反映了他思想的成熟和飛躍，而且表明他已預感到一場社會大革命的風暴就要到來。

　　如果說《修女》和《宿命論者雅克和他的主人》已經展示了狄

德羅小說的風格但還算不上奇特的話，他另外兩部作品《泄密首飾》和《拉摩的侄兒》則堪稱文學史上的絕妙現象而不斷吸引評論家們反覆琢磨。前者吸引人是狄德羅居然也寫這樣的作品，後者令人琢磨是狄德羅竟能寫出這樣的作品。

《泄密首飾》出版於1748年，出版時不僅沒有作者署名，而且假冒了一家阿姆斯特丹並不存在的杜朗書店的名義。書的內容是說一位蘇丹有一戒指，可令其後宮女人吐露他所不知道的奸情。狄德羅採取伏爾泰的小說《查第格》同樣的手法，假託故事發生地為剛果，人名千奇百怪，圍繞女人們的首飾吐露她們內心祕密這個情節中心，編織了一個當代法國風俗圖，包括宮廷的、上流社會的、資產階級的、科學界的、戲劇界的、文學界的和音樂界的風俗，並進行廣泛的社會批判。狄德羅不僅以隱喻的手法尖銳揭露了路易十五、王后、蓬帕杜爾夫人等王公貴族驕侈淫逸的腐化墮落生活，而且嘲諷學術界的偽科學、文學藝術界的古典主義等等，通過荒唐的故事針砭時弊。但是與伏爾泰的哲理小說不同的是，狄德羅這部小說模仿了當時流行的色情小說的形式，文筆輕佻淫晦。小說一再再版，十九世紀時因過於輕薄被禁印。瞭解了《泄密首飾》的大致情況，我們回過頭來探討剛剛寫完《哲學思想錄》和《懷疑論者的漫步》的年輕哲學家為什麼要寫這樣的作品呢？

1746年狄德羅的《哲學思想錄》被巴黎高等法院判處焚毀，《懷疑論者的漫步》也無法出版，為了能繼續與封建勢力和宗教迷誤鬥爭，狄德羅注意到當時法國社會大量出版輕薄格調小說並頗為暢銷的現象，也試圖用色情障眼法躲避書報檢查和教士的眼睛，用表面低俗的文字掩蓋「非法」的內容，他在《泄密首飾》裡這樣作了，而且十分成功，就又寫了《白鳥・童話》。《白鳥・童話》與

《泄密首飾》類似，只是在「輕佻」的程度上要好一些。但是狄德羅的嘗試遭到朋友們（例如達朗貝等）的堅決反對和指責，在格里姆之前擔任《文學通訊》主編的雷納爾也認為狄德羅「不適於寫他這次致力的題材」❸。狄德羅接受了這些批評，他雖以拉伯雷、蒙田等人都曾以「最厚顏無恥的方式攻擊他們的時代可笑之處卻保持了賢者的稱號」為自己辯解，還是表示不再出版《白鳥・童話》，並且說：「為了不浪費時間來辯白，我放棄這癖好和嘮叨，決不重犯，我要重新回到蘇格拉底的身邊。」❸

《拉摩的侄兒》又當別論。狄德羅從這部作品中得到的不是批評而是讚賞和驚嘆。讚賞他的才華，驚嘆他的洞察力。《拉摩的侄兒》堪稱狄德羅小說的代表作，開始寫於1762年，直到1779年才最後定稿。在狄德羅生前只以手抄本流傳。小說也是採用對話體，通過第一人稱「我」與主人公拉摩的侄兒在咖啡館裡的一次談話，以主人公富於個性的語言和動作，勾勒出一個獨特的性格，使他的靈魂和盤托出，一個極其複雜的畸形人物躍然紙上。狄德羅從拉摩的侄兒的個人命運裡看到了時代的特徵，把塑造一個文學形象化為對社會的宏觀概括。在狄德羅的筆下，拉摩之侄厚顏無恥的自白變成了對封建制度的無情控訴。整部作品顯示了狄德羅深邃的思想和高度的藝術表達能力。

拉摩的侄兒長期過著流浪生活，沒有固定職業，有時以教唱為生。沒有保障的生活使音樂家拉摩的這位侄兒外形不斷變化：「有時他瘦削憔悴，像到了末期的癆病患者一樣；你可以透過他的腮頰數得清他有幾顆牙齒。……到了下一個月，他會長得肥胖豐滿，好

---

❸　《狄德羅傳》，頁78。

❸　同❸。

像不曾離開過一位金融家的餐桌。」❸今天，他穿著髒襪衣，破褲子，衣衫襤褸，差不多光著腳；明天，他撲著粉，穿著鞋子，鬈著頭髮，穿著漂亮的衣服，神氣十足，滿像一位體面的紳士。他過一天算一天，早晨醒來第一件心事就是要知道在哪裡吃午飯；午飯後就想到要到哪裡去吃晚飯；他晚上沒有住處，或到郊外的小酒店裡用麵包和啤酒來等候天亮，或向他的馬車夫朋友求助，睡在稻草上。他有出色的歌喉，有音樂才華，還是一個相當出色的演員。他思維敏捷，知識豐富，善於觀察，見解深刻。但是他卻窮困潦倒流落街頭。他時常去貴族人家充當食客，扮演十分卑賤下流的角色。他以機智戲謔為主人取樂，以卑躬屈膝阿諛奉迎換取主人歡心，還要厚顏無恥、嬉皮笑臉地接受主人的侮罵。這樣就可以在主人的餐桌上飽食一頓或乞得一點資助。狄德羅所刻畫的主人公就是這樣一個失意落魄的文人，一個境況悲慘而又寡廉鮮恥的無賴。

　　但是拉摩之侄並不是一個一般的墮落文人或市井無賴。他是一個活生生的矛盾統一體。在他的身上，人類智慧的結晶、深刻的判斷力和極端的卑劣渺小結為一體；藝術敏感和天才氣質與真正的自輕自賤密不可分。他對人生有精闢的見解，對社會有深刻的分析。他的尖銳言詞發人深思，他的冷靜批判鞭辟入裡。他清醒地意識到自我的矛盾對立和個人的雙重人格。他是人類文明的不幸怪胎，他是社會進步的畸變毒瘤。一方面，他無情地揭露和分析批判封建末世黑暗的社會。他憤恨地譴責：「這是何等的鬼制度，有些人吃厭了一切東西，而其他的人也有像他們一樣緊急要求的胃口，像他們

❸　狄德羅：《拉摩的侄兒》，江天驥譯，陳修齋校，載《狄德羅哲學選集》，頁200。後文有關《拉摩的侄兒》的引文均出自此書，不再另註。

一樣不斷重來的饑餓，卻沒有東西放在牙齒底下。」拉摩的侄兒不僅如此這般地批判社會不平等的嚴酷現實，而且明確指出，是金錢或財富遮掩了社會的惡習和罪行。他說當一個人有錢的時候，無論他幹什麼事都不會失掉身份。「黃金就是一切」。他一針見血地指明了不平等和一切社會弊端的根源與要害。他清楚地看到在拜金主義、人欲橫流的社會裡人與人之間關係的冷酷。另一方面，他完全否定道德和正義的存在，不承認個人對社會和公共事業應負的責任，甚至不認為應對自己的妻子兒女盡任何義務。他認為人們歌頌德行是虛偽的。德行冷冰冰，而人們需要的是使自己安樂舒適。他公然說：「拉摩應該保全他的本來面目，許多富有的強盜中間的一個快活的強盜。」這就是他所追求的目標，是他的人生哲學。實際上他又肯定了自己唾罵的東西。

　　拉摩之侄是一個精靈的魔鬼，他的惡行是建立在對社會現實的深刻認識基礎之上的，他的墮落是自覺自願的。他看到了封建社會現實中的殘酷黑暗和弱肉強食，但他不是否定它和反對它，而是肯定它和適應它。他對自己說：「喂，拉摩，巴黎有一萬張豪華的餐桌，每一桌安排十五到二十個人的席位，而所有這些席位中竟沒有一個是你的！有許多錢袋滿裝著金幣，這金幣或左或右地流出來，但沒有一個金幣落在你的身上！」他還說：「成千的無聊的陰謀家都穿得很體面，而你將要赤身裸體！難道你愚蠢到這步田地嗎？難道你不會像別人那樣諂媚嗎？你不會像別人那樣說謊、發誓、作假誓、許諾、守信或食言自肥嗎？你不會像別人那樣四腳在地上爬著嗎？你不會像別人那樣幫助夫人跟別人私通，並且給丈夫傳遞情書嗎？」等等，這是拉摩的獨白，是他的靈魂的祕密和信念。如此坦率，如此矛盾。一方面無情揭露、唾罵、和鄙視醉生夢死的上層社

會，一方面又死皮賴臉要鑽進去，充當封建統治者的幫閒文人，低三下四、任人作踐。甚至「為了一個銅板，我也曾經吻過小胡絲的臀哩」。小拉摩幻想有一天他也會富有起來，也要吃好的、賭錢、喝酒和玩女人，而且要把「他們施於我的侮辱回敬他們」。他揭露社會黑暗並不是要使社會光明，他譴責封建統治者腐化墮落是因為他沒有成為其中的一員。他坦然宣稱：「我以為事物的最好的秩序就是需要我在裡邊的一個秩序，如果我不在裡邊，即令是最完美的世界，也是毫不足取的。」極端的個人主義和享樂主義是拉摩之侄的靈魂，他的信條是「早晚要以惡意來報答他們對我們的恩惠。」

在小說裡拉摩的侄兒一面發表宏論，同時又做著各種表演，顯露出他高超的音樂素養和表演才能。優美的歌聲，傑出的演技，如此多才多藝，本來可以有所作為，做對人類有益的工作，卻自暴自棄、自甘墮落。狄德羅在淋漓盡致地向讀者展示了拉摩之侄黑白兩面性格和善惡兩種人格之後嘆息道：「這樣的精明和這樣的卑鄙在一起；這樣正確的思想和這樣的謬誤交替著；這樣邪惡的感情，這樣極端的墮落，卻又這樣罕有的坦白。」

總之，狄德羅在《拉摩的侄兒》裡塑造了一個奇特而又怪異的形象，一個複雜的、充滿矛盾和對立的分裂性格，一個打破一切傳統習俗和教育常規的時代怪胎。這是封建的社會關係和封建文化最後的產兒。封建制度行將滅亡，它已經沒有生命力，再也繁殖不出正常的子女。拉摩的侄兒因其承繼了封建文化的積累而知識淵博眼光犀利，他不像多數王公貴族紈袴子弟那樣愚蠢和麻木，他下意識地感知封建制度末日將至，因此他的性格裡滲透著一股悲涼、絕望的情緒，實際上他的玩世不恭和似乎看透一切的心態隱藏著人生淒涼的哀愁。他說：「不管你是在大理石下面或是泥土下面腐爛，你

總是要腐爛。」人生若夢，人死萬事空，小拉摩的感慨，其實是整個封建統治階級的嘆息。正是這種歷史悲觀主義使拉摩之侄否定人類的崇高精神和社會道德，不承認正直、名譽、尊嚴、責任、友誼等等人類所珍視的品格。對拉摩之侄和他所寄生的整個封建階級來說，在進入墳墓之前剩下來的只是赤裸裸的生存競爭、同類殘殺和物質享樂。就評價一部文學作品的角度說（因為哲學家在它裡面還看到了辯證法或「悖論」），狄德羅《拉摩的侄兒》的歷史價值，正在於它為行將就木的法國封建階級及其幫閒文人留下了一個——借用人像雕塑用語——表情複雜的「面模」。

綜上所述，狄德羅的小說創作實踐了他的美學理論。尊崇自然，模仿自然，再現自然的真實，這些他一再強調的原則，在他的小說裡貫徹始終。《修女》所反映的修道院的生活，狄德羅少年時代在故鄉朗格爾就有過親身體驗，他也穿過苦衣，吃過苦食；他的一個小妹妹也是在朗格爾的一個修道院中被折磨得發了瘋。這樣的生活體驗和心靈創痛，使他能夠揭穿教會的神聖外衣，滿懷激情痛斥教權主義的專橫和斫殺人性的罪惡，而對爭取自由和人權的不幸少女蘇珊寄予無限同情。《宿命論者雅克和他的主人》同樣體現了這種現實主義美學原則。在十八世紀的法國，唐・吉訶德式的騎士雲遊可能早已絕跡，因而雅克和他的主人的故事似乎超越了現實，可是主僕二人在法國大地所見所聞所思所想有哪一件不是現實的、日常的生活呢？毋寧說，狄德羅正是用雅克的故事解釋了他所謂藝術的「逼真」與生活的「真實」兩者關係的確切涵義。由此看來，追求自然和真實是狄德羅小說風格的最大特點，無論什麼樣的題材，他都把反映生活的真實視為作品的靈魂。事實上他的小說大多數都是真有其人真有其事，只不過他把他們藝術化和典型化，由

「真實」變為「逼真」。狄德羅的朋友、小說家杜克洛(Duclos, 1704–1772)曾經評論說，狄德羅給文學帶來了真實、誠摯和符合實際的作品。主人公都是實際存在的，他十分瞭解他們。在《一個父親和他的孩子的談話》中，他把自己的父親，一個好鐵匠放上舞臺，使兄弟、姐妹和自己圍繞在家庭場景中的主角父親的周圍。來訪者也是熟知的，都是他故鄉朗格爾的居民和同鄉。因此這些人都是現實的，活生生的。狄德羅把他們如實地表達出來，讓他們說著讀者期望的每個人各具特徵的語言。杜克洛說：作者清晰的回憶和談話、參加者的插嘴都有助於產生生活和現實的明快氣氛。誠如杜克洛所言，從狄德羅的作品裡讀者可以看到，他有一雙畫家的眼睛，觀察得快而準確，特別能捕捉富有表現力的細節。注意細節是狄德羅在他的《畫論》等文藝理論著作中一再強調的觀點。1913年巴黎出版的一部《狄德羅評傳》比較幾位啟蒙文學大師的風格說：盧梭的小說優雅而富有情感，伏爾泰的小說充滿哲學光彩，而狄德羅則使人物形象栩栩如生。這樣的評論是確當的。

三、狄德羅的戲劇美學新理論

狄德羅藝術哲學的重要組成部分是他所創造的戲劇美學新理論。狄德羅不但寫小說，還寫劇本，他創作了《私生子》和《家長》兩部戲。這兩個劇在巴黎舞臺上都上演過，雖取得一定程度的成功，並沒有產生轟動效應。但是作為劇本附錄同時發表的關於這兩個劇本的說明，卻是兩篇重要戲劇論文，加上他的其他關於戲劇的論著，構成一個完整的戲劇美學新理論體系，為狄德羅贏得了近代戲劇理論奠基人的美譽。

狄德羅廣泛研究過戲劇美學所涉及的各方面的問題，從戲劇的體裁、布局、情節、對話、人物性格直到分幕分場、布景、服裝和演員表演，等等，他都作過深入探討，提出許多精闢見解，其中最重要的是關於戲劇體裁的創新理論。

自古希臘以來，歐洲戲劇界一直把戲劇分為悲劇和喜劇兩大類別，十七世紀法國古典主義的美學原理和戲劇理論更把這種劃分凝固化。古典主義認為悲劇和喜劇兩種戲劇形式要嚴格區分，不能混淆。它還規定悲劇只能表現帝王將相英雄人物和上層社會的「崇高情操」，喜劇則描寫普通人性格中的滑稽可笑、渺小卑下的方面。古典主義戲劇理論的這種教條，完全是為封建帝王和貴族顯宦歌功頌德、維護封建專制主義服務的，是迎合宮廷趣味和貴族需要的規定。當城市資產階級的力量不斷壯大、第三等級的覺悟不斷提高的時候，資產者和市民群眾不滿意自己在戲劇舞臺上的丑角地位，要求正面反映他們的日常生活和道德情操，改變傳統的戲劇理論已成為戲劇發展的客觀要求和社會趨勢。事實上，十七世紀末和十八世紀初，英國已經出現了一種與古典主義的悲劇和喜劇不同的新劇種，它以通俗易懂的日常語言描寫平民百姓的日常生活，往往充滿感傷的情調和勸善懲惡的道德意味，英國人叫它「感傷劇」，傳到法國以後，法國人叫它「淚劇」，只是這個新劇種並未被戲劇理論界認可。狄德羅敏感地覺察到新劇種的生命力和它對戲劇發展的價值，從而對它進行了理論論證和美學規範，為後來所謂「正劇」的確立打下基礎。

具體來說，狄德羅認為嚴格劃分的悲劇和喜劇已經不能適應當代生活的需要，因為在現實生活中人們並不總是陷於痛苦之中或總是處於喜悅之中，在悲劇和喜劇之間有廣闊的中間地帶，應該有一

個介於悲劇和喜劇之間的中間類別，他稱之為「嚴肅劇種」，其中又分為「嚴肅喜劇」和「家庭悲劇」。狄德羅1758年創作《家長》、1757年創作《私生子》，就是試圖建立「嚴肅劇種」的創作實踐。與創作劇本的同時，狄德羅對這個新劇種的美學原則和演出形式作了大量探索，形成了他的一套戲劇理論。

狄德羅認為這個新劇種的特徵是真實性和嚴肅性。題材取自普通人的日常生活，寫的是家務事，兒女情，以平民為主人公，以人類的美德和本分為主題。實際上就是要寫第三等級的現實生活，以市民劇的形式反映市民資產者和其他第三等級群眾的道德理想和追求。在狄德羅看來，這種「嚴肅劇種」需要更多的藝術、知識和思想的力量。戲一定要嚴肅正派，正面宣傳道德觀念，它會比那些只會引起人輕視和笑聲的喜劇更親切更令人感動。為了更接近現實生活，這種劇應該放棄古典主義傳統所要求的詩的語言，不用韻文改為散文。「嚴肅劇種」需要更大程度的虛構，但虛構要有所遵循，即遵循社會生活的自然程序，也就是事件的因果關係。劇作者必須抓住這種因果關係進行合理的安排和組合，使作品具有真實性和逼真性。狄德羅還認為新劇種要改變古典主義戲劇偏重於寫人的性格、戲劇衝突以性格對比為主的寫法，而主要寫「情境」，因為人的性格要根據他的處境來決定。古典主義戲劇衝突以性格對比為主，比如一個粗暴的人和一個溫靜的人之間發生矛盾有了糾葛，戲就很容易展開，就「有戲」。狄德羅認為這種對比過分看重性格，會使劇情的展開不自然和使戲劇的主題曖昧不明。他主張作品的基礎在於人物的「情境」即社會地位、義務以及其處於順境或逆境等等，新劇種要牢牢抓住「人物性格和情境之間的對比」、「不同的利害之間的對比」❸，他認為這才是真正的本質衝突。狄德羅說：

「情境要有力地激動人心，並使之與人物的性格發生衝突，同時使
人物的利害互相衝突……使大家關心同一件事，然而每一個人都希
望這件事按照他的打算進展。」❹狄德羅關於戲劇衝突的這種新見
解，體現了他的「美是關係」的美學原則，為戲劇的發展指明了方
向，在很大程度上影響了近代西方戲劇的主流所走的道路。

　　與狄德羅關於新劇種要講究情境與性格衝突和強調劇中人利害
衝突的新衝突理論相聯繫，「嚴肅劇種」或「嚴肅喜劇」還有關於
戲劇情節和布局的問題。狄德羅主張情節單純化，布局單一化。他
看重一種感情，一個性格，按劇情發展，把一切推向高潮。他認為
古代悲劇在這方面可做榜樣：古代悲劇有力的臺詞，強烈的感情，
幾個畫面，兩個刻劃有力的人物，這就是他們的全套裝備，劇情單
純有力。同樣，他認為布局要盡量避免雙線布局，而採用單線布
局，雙線布局影響情節發展。

　　戲劇創作之外，狄德羅對戲劇表演也提出不少新鮮意見。例如
關於服裝，他主張演出服裝力求簡單美觀、樸素大方，反對奢華和
「花花哨哨的東西」，反對講究排場的宮廷戲裝。他說：「越是嚴肅
的戲劇體裁，服裝就越要簡樸」；「豪華破壞一切，富麗堂皇的景象
未必就美」；「喜劇要求人們穿便服表演，在舞臺上應該跟平常在家
裡一樣，既不更講究也不太隨便。」❹再如演技，他反對裝腔作
勢、矯揉造作的表演，認為表演應該樸素真實。他主張讓演員去適
應他所扮演的角色，而不是讓角色適應演員，但是演員並非劇作家
思想的機械的模仿者和實現者，而是戲劇的獨創的解釋者和戲劇形

---

❸9　同❺，頁179。

❹0　同❸9。

❹1　同❺，頁211。

象的創造者。狄德羅在《演員奇談》(亦譯《演員是非談》)中，專門探討了表演藝術。他認為優秀的演員在舞臺上不能單純地由感情所驅遣，而要在表演時保持冷靜和清醒的頭腦，不能「易動感情」。在他看來，演員們不必親身感受和體驗自己所扮演的角色，可以通過理性的思考事先把戲劇形象在心中塑造好，然後借助演技把角色的內心和外表特徵表演出來，大演員在舞臺上最不易動感情。狄德羅關於演員中的感情和理性問題的看法，哲學家評價很高，認為是光輝的「悖論」思考，藝術家卻有不同意見。

總之，關於新劇種即所謂「嚴肅喜劇」、「家庭悲劇」的市民劇，狄德羅提出不少新的見解，對歐洲近代戲劇發展有很大影響。從他的這些新理論、新見解中，可以看到他的戲劇理論是以古典主義作為對立面的，他反對戲劇界奴顏婢膝地屈服於古典主義的各種「規則」和教條。他關於新劇種的意見促進了戲劇藝術家的思想解放和戲劇藝術的發展，在使戲劇藝術適應啟蒙時代反封建統治、為第三等級爭取自由和平等權利的現實需要和發揮啟發、教育群眾的作用方面，貢獻是很大的。

四、狄德羅關於繪畫的精闢見解

自1737年起法國每兩年在羅浮宮方形沙龍舉行一次畫展，因舉辦地點得名也稱之為「沙龍」。這個十八世紀法國藝術界的盛事吸引了法國最有才華的畫家、雕塑家和大批美術愛好者，同時也傳奇般地造就了一位開美術批評之先河的奇才，他就是狄德羅。狄德羅應格里姆之約為他所主編的《文學通訊》撰寫畫評，持續二十餘年。在格里姆的引導下，本不懂畫的狄德羅苦心鑽研，除大量閱讀

有關繪畫的書籍以外，還廣泛結識畫家和雕塑家，頻繁出入巴黎各畫室，像他編撰《百科全書》工藝辭條那樣向一切內行請教，不久即已深入堂奧，獲悉了繪畫、雕塑等造形藝術的祕密。他天生犀利的眼光和敏銳的頭腦，再加上已成體系的啟蒙美學理論的指導，很快成為有極高鑑賞力的評畫專家、一個真正的內行。他對沙龍畫展的評論不但被法國美術界首肯，而且他在《畫論》等著作中所總結的造形藝術的基本規律和關於素描、顏色、明暗、構圖等繪畫藝術具體問題的意見使真正的畫家也為之折服。狄德羅以美學理論家、文學家和戲劇家的眼光來鑑賞繪畫，善於從畫面的每一個細節發掘詩意，有時他想像到的，比畫家本人企圖表達的還要多得多。

　　狄德羅是作為一個啟蒙思想家和啟蒙美學理論家深入畫苑的。就像他涉足戲劇領域掀起批判古典主義戲劇理論、提倡「市民劇」浪潮一樣，他在造形藝術中樹起了反對「洛可可」風格的旗幟，用促進現實主義畫風與這種宮廷貴族趣味對立。十八世紀法國造形藝術也籠罩著古典主義的浮光，具體表現為繪畫、雕刻、建築、家具裝飾等領域盛行「洛可可風格」，它反映的是封建社會晚期宮廷和上層貴族的趣味。洛可可風格的作品主要以神話和田園牧歌式的風景為題材，遠離現實生活，其藝術特點是矯揉造作、浮華纖巧，富於裝飾性效果。狄德羅猛烈抨擊洛可可風格，對它的最著名的代表人物、法國藝術科學院院長和首席畫師布歇(Boucher, 1703–1770)進行了尖銳批評。他說：「對這個人，我不知道說什麼才好。他的作品中趣味、色彩、構圖、人物性格、表現力和素描的墮落緊緊伴隨著他人品的墮落。」❷他指責布歇不知風韻為何物，不知什麼是真情實景，沒有優雅、正直、純潔、簡樸等觀念，沒有鑑賞力，也

❷　同❺，頁457。

沒有好好看過大自然，布歇有的只是過多的造作、矯飾、柔聲細氣。狄德羅說布歇的作品通通設色花哨，使你的眼睛無法忍受；他畫的不是人，而是最漂亮的木偶；他以嫻熟得令人難以置信的技巧所畫的兒童總是在雲端嬉戲，沒有一個在從事生活中真實的活動；他畫的處女像一群模樣可愛、嘰嘰喳喳的小婦人；他畫的天使像「好色的小林神」等等。狄德羅認為布歇是一個「冒牌的好畫家」，是「所有學畫的青年學生失敗的典型」❸。狄德羅不無深義地說：「正當布歇不再是一個藝術家的時候，他被任命為御前首席畫師。」❹

　　與以布歇為代表的取悅宮廷和貴族的洛可可風格畫家相反，巴黎當時出現了一批有才氣的寫實主義的畫家，其中最突出的是格勒茲(Greuze, 1725–1805)。格勒茲以繪畫表現倫理、道德的風俗畫見長。格勒茲否定沒落貴族的畫風，對第三等級的家庭美德給予熱情肯定，他在畫中所表現的人物情感易於為觀眾接受和理解。格勒茲的作品得到狄德羅的熱情支持與讚揚，對他的道德教訓畫的民主傾向和社會教育意義以及他面向當代生活問題、在形象的描繪和心理表現方面的技巧等，都給予高度評價。除格勒茲之外，得到狄德羅讚賞的畫家還有沙爾丹(Chardin, 1699–1779)、盧騰布格(Loutherbourg, 1740–1812)等人。他稱讚沙爾丹的畫「簡樸、真實」，說盧騰布格等人的風景畫再現了自然的奇觀，畫家以高度的藝術技巧極其成功地描繪了大自然的美，他們的偉大「並不表現在沙龍裡，而是表現在森林的深處，表現在太陽照射下明暗相間的群山中。」❺

---

❸　同❺，頁459。

❹　同❸。

❺　同❺，頁380。

　　狄德羅通過對這些現實主義畫家作品的細緻分析，把他的美學原則貫徹在畫評中和對繪畫藝術的規律性總結中。他指出，繪畫也像其他藝術形式一樣必須「師法自然」。他號召畫家、雕塑家要面向自然，再現自然，而不是面向宮廷、取悅貴族、在作品中偽造自然。如前所述，狄德羅這裏所謂自然，並不是與人無關的自在的自然界，而是指具有極為豐富社會內容的現實生活，或者說是具有市民社會進取性的生活，是使人受到鼓舞的生活，是使廣大不幸者從中看到希望的生活，即使是靜物畫或風景畫，也應與人的社會生活緊密相連。狄德羅認為繪畫像其他文學藝術形式一樣也應強調它的社會作用和教化功能，造形藝術也有巨大啟蒙意義。他說：「繪畫和詩有一個共同之處，似乎大家還沒有注意到，那就是二者都應該是合乎道德的。……畫家在畫室門上應該寫上：不幸的人們在這裡可以找到為他們一灑同情之淚的眼睛。使德行顯得可愛，惡行顯得可憎，荒唐事顯得觸目，這就是一切手持筆桿、畫筆或雕刻刀的正派人的宗旨。」❹喪失道德原則的藝術活動不是在創造美，而是使罪惡瘟疫瘋狂泛濫的催生劑。美的創造必須堅持明確的道德原則，即藝術家必須把弘揚理性和善行、鞭撻惡行作為義不容辭的責任，才能創造美的價值，才能使人通過繪畫、雕塑作品看到真、善、美的內在聯繫和因果關係。即使是在以醜惡和畸形為題材的作品中，人們也同樣可以從中領略到罪惡與醜陋之間的內在聯繫和因果關係，取得警世的效果。狄德羅關於繪畫的社會作用的這些見解，與他在文學創作和戲劇理論中所一再申訴的主張是一致的。他鑑賞和品評一幅畫的標準，除去構圖設色等等繪畫本身的技法之外，主要是作品所蘊涵的社會意義，或稱之為作品的思想性、傾向性。狄德

_____

❹　同❺，頁410–411。

羅關於繪畫思想性的見解，實際上包含兩個層次：一般意義上的張
揚理性和道德追求與具體地反映第三等級的生活現實和審美情趣。
且讓我們作些具體分析：

首先談第一個層次。

還是以布歇和格勒茲為例。狄德羅說布歇的作品總是放蕩的，
所以吸引不了人，格勒茲的作風總是正派的，所以觀眾經常圍住他
的作品不散。狄德羅毫不留情地寫道，我敢對布歇說：「朋友，如
果你的作品是專給十八歲的放蕩青年看的，你就做對了，繼續畫你
的女人屁股和奶頭吧；但是，對正派人和我來說，儘管人們把你的
作品擺在沙龍裡最引人注目的位置，我們還是不屑一顧。……你那
些骯髒東西……我不知道這些東西你是從哪裡找來的，如果人們愛
惜自己的健康的話，是不會多看你這些作品的。」❹狄德羅認為布
歇迎合封建貴族的審美趣味所創作的繪畫在當時產生了消磨人的意
志、使人頹廢放蕩的社會後果。狄德羅承認布歇在繪畫色彩和技巧
上有很高造詣，但是布歇表現在作品中的東西引導人們腐化墮落，
正是在這個意義上狄德羅說當布歇被任命為王國首席畫師時已經不
是一個藝術家了。狄德羅對布歇的批判火力甚至燒灼到布歇的學生
和女婿博杜安(Baudouin, 1723–1769)身上。這一對翁婿倒真是臭
味相投。博杜安在畫風和內容上緊追布歇。狄德羅說他的作品「畫
面窄小」、「思想狹隘」、「構思輕佻」，他的作品只是為「寡廉鮮
恥、低級趣味的人而畫的」。❹狄德羅舉博杜安的作品「新娘就
寢」為例分析說：「新娘那張憔悴的小臉、背向觀眾的那位新郎熱
情而並不感人的動作、床周圍那些卑鄙的人物，一切都使我感到這

---

❹　同❹。

❹　同❺，頁505。

不是一個好地方。我看到的只是一個妓女。」狄德羅認為博杜安把歡樂喜慶的結婚情景畫得如此不堪，尖刻地批評說：「這個場面就只缺一個鴇母了……沒有任何東西比博杜安這個例子更能說明道德對高雅的趣味有多麼重要。」**❹**

　　針對布歇師徒畫技高超趣味低俗的洛可可畫風，狄德羅認為真正的畫家應是用自己的技巧技能為再現健康生活和真善美而為社會服務的人。狄德羅說，格勒茲就是這樣的人。「他在我們中間第一個想到用藝術來表現風俗」。他的許多作品堪稱「動人的詩篇」。狄德羅高度讚頌格勒茲的傑作「為死去的小鳥而悲傷的少女」，認為畫家用色彩和線條展示的是自然中的形象和情感，而不是虛情假意的虛構的東西。狄德羅說，從整體畫面來看，這幅畫「整體的筆觸遒勁，卻無損於細部的柔美」**❺**，是「本屆沙龍(1765)最討人喜歡，可能還是最有意思的作品」**❺**。狄德羅認為這幅畫通過整體和細部的統一，格勒茲揭示了少女哀傷的情感內涵豐富，真實、細膩、自然、深沈的筆調使觀眾產生深遠的想像，在審美愉悅中人們的心靈得到陶冶和淨化，進而啟發了人們的理性思考，發揮了啟蒙的藝術效果。

　　再談第二個層次：具體反映第三等級的生活現實和審美情趣。

　　狄德羅強調畫家「師法自然」就要面對真正的現實生活，勇於擺脫傳統題材的束縛，到實際生活中尋找新的題材和新的藝術形式，以反映第三等級心目中的「自然」。還是以狄德羅對格勒茲的評論為例罷。在1761年的沙龍中，格勒茲展出了一幅當時題名為

---

❹　同**❺**，頁507。

❺　同**❺**，頁470。

❺　同**❺**，頁467。

「剛為女兒備好嫁奩的父親」（後來改名為「定親的姑娘」）的作品，狄德羅對這幅畫大加讚賞。格勒茲畫的是一個農民之家女兒定親的場面，有父母兒女鄉村公證人大小十二個人物形象。畫中還包括一隻老母雞帶領一群雛雞覓食的情景。狄德羅說它「主題動人，看著它心裡不禁湧起一股激動的暖流。」說「這幅畫很美，表現真實，彷彿確有其事」❷。接著逐個分析了十二個人物形象以及畫面上的各個細節，認為這幅畫「美不勝收」，充滿「詩情畫意」，「實在別具匠心」，「肯定是格勒茲的代表作」，最後說：「作為精通本門業務的畫家，一個有頭腦、有高尚趣味的人，這幅畫一定能給他帶來榮譽。作品構思巧妙，筆法細膩。所選擇的主題本身就說明他感覺敏銳，並有良好的品德。」❸從這些熱情的評語中可以看到狄德羅對畫家描寫第三等級生活多麼關注，多麼欣喜，與他對布歇等畫家的尖銳批評形成極為鮮明的對比，生動地反映出在十八世紀的法國羅可可風格仍然瀰漫畫壇的情況下，狄德羅鮮明的社會傾向和為第三等級爭取社會地位的文藝思想。

狄德羅鑑賞畫作的這種思想標準，這種反對貴族頹廢情趣、讚賞表現平民和第三等級群眾生活的作品的態度，也是他喜愛沙爾丹等人的原因。前面我們已經談到沙爾丹的風景畫再現自然得到狄德羅讚賞，這位畫家在靜物畫裡所表現的社會傾向更令狄德羅滿意。沙爾丹所畫的靜物，不是雕金鏤銀的餐具和精美的珍饈，而是中下等人家常見的普通食品和簡樸用具。這些平淡無奇的東西經過畫家的處理竟能構成富有魅力的藝術天地，體現出一種樸實的生活情趣和健康的感情，使這些無生命的東西也變得親切、活躍而富有生

❷　同❺，頁435。

❸　同❺，頁439。

命力。

　　狄德羅關於繪畫的社會意義和思想性、傾向性的觀點，是他的美學理論和文藝思想的具體體現，是他現實主義創作原則的集中表述。他強調繪畫藝術不能停留在消極地反映生活，畫家要通過作品宣傳新思想、新觀念，反對宮廷貴族沒落頹廢的藝術趣味，提倡積極向上健康樂觀的審美情趣。凡此種種，都是狄德羅關於繪畫藝術的精闢見解。這些見解，深刻地影響了爾後法國繪畫的發展方向。

狄德羅年表

1713年

　　10月5日　生於法國朗格爾市的一個家境富裕的刀剪匠家裡。

1723年（十歲）

　　11月　進本城耶穌會的學校讀書，學習語文和古典作品。

1726年（十三歲）

　　8月22日　朗格爾的主教親手給他斷髮為僧。

1728年（十五歲）

　　秋季　赴巴黎繼續深造。

1732年（十九歲）

　　9月2日　取得巴黎大學文科碩士學位。

1733–1743年（二十一—三十歲）

　　在巴黎過了十年流浪生活。曾進入律師事務所見習訴訟業務，
　　曾替傳教士寫過佈道詞，做過家庭教師。

1741年（二十八歲）

　　與安多瓦奈特（1710年生）相識。

1742年（二十九歲）

　　8月　與初到巴黎的盧梭相識。不久，又與孔狄亞克結交。

1743年（三十歲）

11月6日　因父親反對，與安多瓦奈特祕密結婚。

與他人合作把詹姆斯的《醫學通用辭典》譯成法文。

1746年（三十三歲）

協助翻譯出版洛克《人類悟性論》法譯本。

3月　一周內迅速寫成《哲學思想錄》。

7月7日　該書匿名出版。不久，被最高法院下令禁止，並以模擬的形式加以焚毀。

冬季　接受出版商勒伯勒東等人要求他翻譯《錢伯斯百科全書》的建議。他和書商商定，另起爐灶編撰《百科全書》，請達朗貝共同主編。

本年　寫成《懷疑論者的漫步》、《自然宗教的長處》。結束《醫學通用辭典》的翻譯工作。

1748年（三十五歲）

夏季　《醫學通用辭典》六卷本全部出齊。

12月　小說《泄密首飾》由杜朗書店出版。

1749年（三十六歲）

4月9日　《供明眼人參考的談盲人的信》匿名出版。

7月24日　因此書獲罪，入文森監獄。

9月底　盧梭探監，與狄德羅討論第戎學院的懸賞徵文問題。

11月3日　獲釋。出獄後，立刻投入《百科全書》緊張的編撰和組織工作。

1750年（三十七歲）

在盧梭家與德國文學批評家格里姆相識，後成為莫逆之交。格里姆對狄德羅本人和《百科全書》始終全力支持。

7月18日　盧梭寄給第戎學院的徵文《論科學與藝術》獲獎。

11月　《百科全書》的〈徵訂說明書〉8000份排印出版。它
宣佈了《百科全書》的目的和出版計畫，並向讀者進行徵訂。

本年　寫作《關於美的根源及其本質的哲學探討》。

1751年（三十八歲）

3月　普魯士皇家科學院接受狄德羅為院士，他致函科學院祕
書表示謝忱。

10月　《百科全書》第一卷A字部分出版。卷首有達朗貝執筆
的〈序言〉，長達45頁。

本年　讀者踴躍預訂《百科全書》，年底達4000冊，地區遍及
瑞士、意大利和英國。

1752年（三十九歲）

1月　《百科全書》第二卷（B和C的一部分）條目出版，卷首
有狄德羅執筆的〈序言〉。

本年　耶穌會派要求國王查禁《百科全書》的出版和銷售。當
局再次搜查。國王路易十五的情婦蓬帕杜爾夫人為了抑制耶穌
會派的囂張氣燄，支持《百科全書》繼續出版。

1753年（四十歲）

9月2日　生女名瑪麗・昂熱麗克・狄德羅（1753–1824）。

秋季　對《百科全書》的禁令取消。《百科全書》第三卷C字
部分條目出版，印數達3100冊。

1754年（四十一歲）

10月17日　《百科全書》第四卷C和D字部分條目出版。

《對自然的解釋》出版。

1755年（四十二歲）

2月11日　孟德斯鳩逝世。狄德羅參加葬儀。

1756年（四十三歲）

夏季　達朗貝訪問住在法瑞邊境的伏爾泰，返後為第七卷撰寫〈日內瓦〉條。

與盧梭發生齟齬。

1757年（四十四歲）

《哲學思想錄》再版。

秋季　五幕「嚴肅喜劇」《私生子》（附〈關於「私生子」的談話〉）出版。

1758年（四十五歲）

盧梭與狄德羅、達朗貝本有分歧並對〈日內瓦〉條頗為不滿，寫信給達朗貝，與《百科全書》決裂。達朗貝終於脫離編輯部，不少撰稿者也紛紛自動脫離關係。

本年　五幕散文喜劇《家長》（附《論戲劇詩》）出版，7月27日愛爾維修的《論精神》出版。

1759年（四十六歲）

1月23日　巴黎議會對《百科全書》、《論精神》等八種宣傳啟蒙思想的書籍發出禁止銷售的命令。

2月6日　《論精神》等書被判處焚毀。同時對《百科全書》的內容進行專門審查。

3月7日　吊銷1746年發給的出版許可證，明令禁止印刷、發行。正在印刷中的第八卷中途被迫停止。

本年　開始為格里姆主編的《文學通訊》撰寫藝術評論《沙龍》。

1760年（四十七歲）

巴里索以惡劣的諷刺喜劇《哲學家》猛烈攻擊百科全書同仁，

特別是狄德羅。

小說《修女》完稿。

1761年（四十八歲）

〈理查遜讚〉寫成。

1762年（四十九歲）

在蓬帕杜爾夫人默許下，繼續《百科全書》編輯工作。《圖冊》第一卷出版；文字說明由狄德羅執筆。開始寫作《拉摩的姪兒》。

1763年（五十歲）

以全部藏書售予俄國女皇葉卡捷琳娜二世，並受聘為終生圖書管理員，繼續享用。

1764年（五十一歲）

《百科全書》《圖冊》陸續出版，正文各冊繼續祕密付印。

1765年（五十二歲）

《圖冊》第四卷出版；正編文字部分後十卷（八至十七卷）全部出齊。購訂者達4250人。外省和外國讀者居多。

《畫論》寫成。

1769年（五十六歲）

《達朗貝和狄德羅的談話》、《達朗貝的夢》寫完。約同年，烏東（1741–1828）為狄德羅塑像。

1770年（五十七歲）

《哲學思想錄增補》發表。《關於物質和運動的哲學原理》、《演員是非談》寫成。

1772年（五十九歲）

《百科全書》《圖冊》十一卷全部出齊，共收圖2888幅，說明923頁。狄德羅堅持到最後，《百科全書》的正編二十八卷

（文字十七卷，圖冊十一卷）至此大功告成。《布甘維爾遊記補遺》寫成。重新改寫《拉摩的侄兒》。

1773年（六十歲）

《一個父親和他的孩子的談話》和《這不是故事》發表。《演員是非談》、《宿命論者雅克和他的主人》寫成。開始寫《對愛爾維修「論人」一書的反駁》（翌年完成）。倫敦（實際是阿姆斯特丹）出版他的五卷著作集。

「嚴肅戲劇」《私生子》上演一場。

應俄國女皇葉卡捷琳娜的邀請訪問俄國。夏天啟程，取道海牙赴聖彼得堡。

1774年（六十一歲）

3月5日　離開俄國。8月回到巴黎。

1777年（六十四歲）

《百科全書》補篇五卷（文字四卷，插圖一卷）出版。至此《百科全書》共計出版三十三卷，正編二十八卷，補篇五卷，其中文字二十一卷，圖冊十二卷。

1779年（六十六歲）

《拉摩的侄兒》定稿。

1780年（六十七歲）

法國雕塑家烏東為狄德羅雕像，哲學家把此像獻給自己的故鄉朗格爾。

1784年（七十一歲）

7月初搬到葉卡捷琳娜贈送的位於黎塞留街的新宅居住。月底，病中嚴詞拒絕向神父做懺悔。

7月30日　午飯後逝世。

參考書目

(一) 中 文

北京大學哲學系編：《狄德羅哲學選集》，中文版，陳修齋、王太慶、江天驥譯，北京，1979。

中國社會科學院外國文學研究所等編：《狄德羅美學論文選》，中文版，徐繼曾、桂裕芳等譯，北京，1984。

北京大學哲學系編：《十八世紀法國哲學》，中文版，王太慶、陳修齋等譯，北京，1963。

王樹人、李鳳鳴編：《西方著名哲學家評傳》第五卷，山東，1984。

李鳳鳴、姚介厚：《十八世紀法國啟蒙運動》，北京，1982。

李鳳鳴：《伏爾泰》，臺北，1995。

安德烈·比利：《狄德羅傳》，中文版，張本譯，管震湖校，北京，1984。

阿基莫娃：《狄德羅》，中文版，趙永穆等譯，北京，1984。

亨利·勒費弗爾：《狄德羅的思想和著作》，中文版，張本譯，北京，1985。

卡西勒:《啟蒙運動》，中文版，顧偉銘等譯，山東，1988。

沃爾金:《十八世紀法國社會思想的發展》，中文版，楊穆、金穎
　　　譯，北京，1983。

葛力:《十八世紀法國哲學》，北京，1991。

(二) 外　文

Rosencranz K., *Diderot's Leben und Werke* , Bd. I–II, Lpz., 1866.

Mornet D., *Diderot. l'homme et l'oeuvre*, Paris, 1941.

Diderot D. Oeuvres complétes , Paris, 1875–1877.

Encyclopédie ou Dictionnaire raisonné , 35 v., Paris, 1751–1780.

Ducros L., *Les Encyclopédistes*, Paris, 1900.

The Encyclopédie of Diderot and d'Alembert , Ed. by John Longh,
　　　Cambridge, 1954.

Hubert R., *D'Holbach et ses amis*, Paris, 1927.

Hubert R., *Les sciences sociales dans l'Encyclopédie*, Paris, 1923.

Mathiez A., "Les philosophes et le pouvoir au milieu du XVIII
　　　siécle", *Annales historiques de la Révolution francaise*, 1935,
　　　N.68.

Morley J., *Diderot and the Encyclopédists*, London, 1923.

索　引

(一) 人名索引

八　劃

九　劃

康帕内拉　70

康德　100

理查遜　142, 161

莫里哀　144, 148

十二劃

開普勒　10

普拉德　32, 33

普希金　49

斯賓諾莎　56, 70, 71, 72, 85

萊布尼茲　79, 82, 84, 85, 100

黑格爾　100

博馬舍　149

博杜安　184

十三劃

達爾文　14, 99

達朗貝　25, 26, 27, 30, 31, 32, 33, 34, 35, 48, 121, 171

路易十四　3, 4, 5, 6, 10

路易十五　4, 5

愛爾維修　19, 34, 35, 53, 83, 84, 85, 89, 90, 99, 113

葉卡捷琳娜二世　37, 45, 48, 49, 51

雷納爾　42, 171

奧古斯丁　120, 121, 150

聖朗貝爾　134

十九劃

(二)學術名詞索引

一　劃

二　劃

四　劃

五　劃

世界哲學家叢書（一）

書　　　　　名	作　　　者	出　版　狀　況
孔　　　　　子	韋　政　通	已　　出　　版
孟　　　　　子	黃　俊　傑	已　　出　　版
荀　　　　　子	趙　士　林	已　　出　　版
老　　　　　子	劉　笑　敢	已　　出　　版
莊　　　　　子	吳　光　明	已　　出　　版
墨　　　　　子	王　讚　源	已　　出　　版
公　孫　龍　子	馮　耀　明	已　　出　　版
韓　　　　非	李　甦　平	已　　出　　版
淮　　南　　子	李　　　增	已　　出　　版
董　　仲　　舒	韋　政　通	已　　出　　版
揚　　　　　雄	陳　福　濱	已　　出　　版
王　　　　　充	林　麗　雪	已　　出　　版
王　　　　　弼	林　麗　真	已　　出　　版
郭　　　　　象	湯　一　介	已　　出　　版
阮　　　　　籍	辛　　　旗	已　　出　　版
劉　　　　　勰	劉　綱　紀	已　　出　　版
周　　敦　　頤	陳　郁　夫	已　　出　　版
張　　　　　載	黃　秀　璣	已　　出　　版
李　　　　　覯	謝　善　元	已　　出　　版
楊　　　　　簡	鄭　曉　江貴 李　承	已　　出　　版
王　　安　　石	王　明　蓀	已　　出　　版
程　顥　、　程　頤	李　日　章	已　　出　　版
胡　　　　　宏	王　立　新	已　　出　　版
朱　　　　　熹	陳　榮　捷	已　　出　　版
陸　　象　　山	曾　春　海	已　　出　　版

世界哲學家叢書 (二)

書　　　　　名	作　　者	出　版　狀　況
王　　廷　　相	葛　榮　晉	已　　出　　版
王　　陽　　明	秦　家　懿	已　　出　　版
李　　卓　　吾	劉　季　倫	已　　出　　版
方　　以　　智	劉　君　燦	已　　出　　版
朱　　舜　　水	李　甦　平	已　　出　　版
戴　　　　震	張　立　文	已　　出　　版
竺　　道　　生	陳　沛　然	已　　出　　版
慧　　　　遠	區　結　成	已　　出　　版
僧　　　　肇	李　潤　生	已　　出　　版
吉　　　　藏	楊　惠　南	已　　出　　版
法　　　　藏	方　立　天	已　　出　　版
惠　　　　能	楊　惠　南	已　　出　　版
宗　　　　密	冉　雲　華	已　　出　　版
永　明　延　壽	冉　雲　華	已　　出　　版
湛　　　　然	賴　永　海	已　　出　　版
知　　　　禮	釋　慧　岳	已　　出　　版
嚴　　　　復	王　中　江	已　　出　　版
康　　有　　為	汪　榮　祖	已　　出　　版
章　　太　　炎	姜　義　華	已　　出　　版
熊　　十　　力	景　海　峰	已　　出　　版
梁　　漱　　溟	王　宗　昱	已　　出　　版
殷　　海　　光	章　　　清	已　　出　　版
金　　岳　　霖	胡　　　軍	已　　出　　版
張　　東　　蓀	張　耀　南	已　　出　　版
馮　　友　　蘭	殷　　　鼎	已　　出　　版

世界哲學家叢書（三）

書　　　　　名	作　　者	出　版　狀　況
牟　　宗　　三	鄭　家　棟	排　　印　　中
湯　　用　　彤	孫　尚　揚	已　　出　　版
賀　　　　　麟	張　學　智	已　　出　　版
商　　羯　　羅	江　亦　麗	已　　出　　版
辨　　　　　喜	馬　小　鶴	已　　出　　版
泰　　戈　　爾	宮　　　靜	已　　出　　版
奧羅賓多·高士	朱　明　忠	已　　出　　版
甘　　　　　地	馬　小　鶴	已　　出　　版
尼　　赫　　魯	朱　明　忠	已　　出　　版
拉達克里希南	宮　　　靜	已　　出　　版
李　　栗　　谷	宋　錫　球	已　　出　　版
空　　　　　海	魏　常　海	排　　印　　中
道　　　　　元	傅　偉　勳	已　　出　　版
山　鹿　素　行	劉　梅　琴	已　　出　　版
山　崎　闇　齋	岡　田　武　彦	已　　出　　版
三　宅　尚　齋	海老田輝巳	已　　出　　版
貝　原　益　軒	岡　田　武　彦	已　　出　　版
荻　生　徂　徠	王　祥　齡 劉　梅　琴	已　　出　　版
石　田　梅　岩	李　甦　平	已　　出　　版
楠　本　端　山	岡　田　武　彦	已　　出　　版
吉　田　松　陰	山　口　宗　之	已　　出　　版
中　江　兆　民	畢　小　輝	已　　出　　版
蘇格拉底及其先期哲學家	范　明　生	排　　印　　中
柏　　拉　　圖	傅　佩　榮	已　　出　　版
亞　里　斯　多　德	曾　仰　如	已　　出　　版

世界哲學家叢書（四）

書　　　　　　名	作　　者	出　版　狀　況
伊　壁　鳩　魯	楊　　適	已　　出　　版
愛　比　克　泰　德	楊　　適	已　　出　　版
柏　　羅　　丁	趙　敦　華	已　　出　　版
伊　本・赫　勒　敦	馬　小　鶴	已　　出　　版
尼　古　拉・庫　薩	李　秋　零	已　　出　　版
笛　　卡　　兒	孫　振　青	已　　出　　版
斯　賓　諾　莎	洪　漢　鼎	已　　出　　版
萊　布　尼　茨	陳　修　齋	已　　出　　版
牛　　　　頓	吳　以　義	已　　出　　版
托　馬　斯・霍　布　斯	余　麗　嫦	已　　出　　版
洛　　　　克	謝　啓　武	已　　出　　版
休　　　　謨	李　瑞　全	已　　出　　版
巴　　克　　萊	蔡　信　安	已　　出　　版
托　馬　斯・銳　德	倪　培　民	已　　出　　版
梅　　里　　葉	李　鳳　鳴	已　　出　　版
狄　　德　　羅	李　鳳　鳴	已　　出　　版
伏　　爾　　泰	李　鳳　鳴	已　　出　　版
孟　德　斯　鳩	侯　鴻　勳	已　　出　　版
施　萊　爾　馬　赫	鄧　安　慶	已　　出　　版
費　　希　　特	洪　漢　鼎	已　　出　　版
謝　　　　林	鄧　安　慶	已　　出　　版
叔　　本　　華	鄧　安　慶	已　　出　　版
祁　　克　　果	陳　俊　輝	已　　出　　版
彭　　加　　勒	李　醒　民	已　　出　　版
馬　　　　赫	李　醒　民	已　　出　　版

世界哲學家叢書（五）

書　　　　名	作　　者	出　版　狀　況
迪　　　　昂	李　醒　民	已　　出　　版
恩　格　斯	李　步　樓	已　　出　　版
馬　克　思	洪　鐮　德	已　　出　　版
約　翰　彌　爾	張　明　貴	已　　出　　版
狄　爾　泰	張　旺　山	已　　出　　版
弗　洛　伊　德	陳　小　文	已　　出　　版
史　賓　格　勒	商　戈　令	已　　出　　版
韋　　　　伯	韓　水　法	已　　出　　版
雅　斯　培	黃　　藿	已　　出　　版
胡　塞　爾	蔡　美　麗	已　　出　　版
馬克斯・謝勒	江　日　新	已　　出　　版
海　德　格	項　退　結	已　　出　　版
高　達　美	嚴　　平	已　　出　　版
盧　卡　奇	謝　勝　義	已　　出　　版
哈　伯　馬　斯	李　英　明	已　　出　　版
榮　　　　格	劉　耀　中	已　　出　　版
皮　亞　傑	杜　麗　燕	已　　出　　版
索　洛　維　約　夫	徐　鳳　林	已　　出　　版
費　奧　多　洛　夫	徐　鳳　林	已　　出　　版
別　爾　嘉　耶　夫	雷　永　生	已　　出　　版
馬　賽　爾	陸　達　誠	已　　出　　版
阿　圖　色	徐　崇　溫	已　　出　　版
傅　　　　科	于　奇　智	已　　出　　版
布　拉　德　雷	張　家　龍	已　　出　　版
懷　特　海	陳　奎　德	已　　出　　版

世界哲學家叢書（六）

書　　　　　名	作　　　者	出　版　狀　況
愛　因　斯　坦	李　醒　民	已　　出　　版
皮　　爾　　遜	李　醒　民	已　　出　　版
玻　　　　爾	戈　　革	已　　出　　版
弗　　雷　　格	王　　路	已　　出　　版
石　　里　　克	韓　林　合	已　　出　　版
維　根　斯　坦	范　光　棣	已　　出　　版
艾　　耶　　爾	張　家　龍	已　　出　　版
奧　　斯　　丁	劉　福　增	已　　出　　版
史　　陶　　生	謝　仲　明	已　　出　　版
馮　·　賴　特	陳　　波	已　　出　　版
赫　　　　爾	孫　偉　平	已　　出　　版
愛　　默　　生	陳　　波	已　　出　　版
魯　　一　　士	黃　秀　璣	已　　出　　版
普　　爾　　斯	朱　建　民	已　　出　　版
詹　　姆　　士	朱　建　民	已　　出　　版
蒯　　　　因	陳　　波	已　　出　　版
庫　　　　恩	吳　以　義	已　　出　　版
史　蒂　文　森	孫　偉　平	已　　出　　版
洛　　爾　　斯	石　元　康	已　　出　　版
海　　耶　　克	陳　奎　德	已　　出　　版
喬　姆　斯　基	韓　林　合	已　　出　　版
馬　克　弗　森	許　國　賢	已　　出　　版
尼　　布　　爾	卓　新　平	已　　出　　版